# 乌合之众

## ——群体心理学

[法] 古斯塔夫·勒庞　著
刘新华　张晶晶　译

民主与建设出版社
·北京·

图书在版编目（CIP）数据

乌合之众：群众心理学 /（法）古斯塔夫·勒庞著；
刘新华，张晶晶译. -- 北京：民主与建设出版社，2021.7
ISBN 978-7-5139-3615-6

Ⅰ. ①乌… Ⅱ. ①古… ②刘… ③张… Ⅲ. ①群众心理学 Ⅳ. ① C912.64

中国版本图书馆 CIP 数据核字（2021）第 126306 号

乌合之众
PSYCHOLGIE DES FOULES

著　　者　［法］古斯塔夫·勒庞
译　　者　刘新华　张晶晶
责任编辑　刘树民
出 品 人　周晓斌
出版统筹　[illegible]书局
封面设计　永承文化·邓琳娟
出版发行　民主与建设出版社有限责任公司
电　　话　（010）59417747　59419778
社　　址　北京市海淀区西三环中路 10 号望海楼 E 座 7 层
邮　　编　100142
印　　刷　大厂回族自治县彩虹印刷有限公司
版　　次　2021 年 7 月第 1 版
印　　次　2021 年 10 月第 1 次印刷
开　　本　880 毫米×1230 毫米　1/32
印　　张　9
字　　数　151 千字
书　　号　ISBN 978-7-5139-3615-6
定　　价　36.00 元

# 目录

# 译者前言

《乌合之众》，作者勒庞是享誉世界的法国社会学家，群体心理学创始人，被誉为“群体社会的马基雅弗利”。勒庞一生著作颇丰，其中最著名的当属于此书。《乌合之众》被誉为大众心理学的开山之作，心理学家弗洛伊德、社会心理学家奥尔波特、社会学家墨顿、美国总统罗斯福、法国戴高乐将军、英国首相丘吉尔、中国近代思想家梁启超等都曾予以高度评价。

这本书虽然很薄，但内容却很厚。在今天这个资讯发达、交通便捷的时代，我们早就离不开、逃不掉，而且时不时、有意或无意地，自己就成了群体中的一分子。本书集中讨论的问题就是群体心理学，细致描述了群体心理的一般特征，分析了人们在群聚状态下的心理、道德、行为特征；解释了为何群体往往呈现出“盲目”、“冲动”、“狂热”、“轻信”的特点，而统治者又是如何利用群体的这些特点建立和巩固自身统治的。书中的观点可用来阐释和理解社会生活的方方面面，对群体心理的解读一针见血。最奇特的是，当你阅读这本书时，你会完全忘了自己跟作者巨大的时空距离，书中所讨论的那些问题，正是我们这个时代所发生的与存在着的；所引的那些例子，仿佛就是刚发生在这个世界上，甚至就发生在你身边。你会为作者这样精辟准确的断言击节叫好：“虽然不同时代、不同国家议会成员的选举方式有所不同，但都有相似的特征。”同时他发现有独立见解的人们，却会蜕化成类似动物的存在，群体似乎有自己的生命，它情绪化、低智商化、无异议、极端化……从他那个时代到今天，一个多世纪过去了，他所描述的他那个时代群体的行为，跟我们今天所处时代群体的行为，看不出有什么本质的改变。那个时代人们关心、焦虑的问题，同样也是今天的我们所关心、所焦虑的。这也许正是勒庞的聪敏所在。他似乎很清楚地认识到了，无论时空怎样改变，人类社会的基本形式、人类行为的基本模式都无法改变。也许勒庞只是粗暴了些，不该这样开诚布公地描绘作为人类的我们社会的众生相，一点情面也不留；更不该像是在研究蚁群般研究与我们一样的人群；但他却做到了让自己这本书至少不朽，因为该书所揭示、描绘、探讨的正好是人类社会难以改变的那一部分，是属于人性的一部分。

虽然部分人认为勒庞的结论缺乏科学论证和严谨的逻辑思辨基础，但其研究视角是非常值得推崇和借鉴的。他还预见了群体中的个体会日益被大众文化所湮没，这种文化把平庸、低俗作为有价值的东西加以信奉和追捧。勒庞在书中精辟地指出：“我们即将进入的这个时代，就是一个真正的群体时代”。这一论断在今天也得到了印证。当美国社会学家罗伯特·墨顿曾说：“我认为，正是这本书涉及问题的多样性，使它能这样拥有持久意义。”他接着说，“可以说，勒庞此书以简约甚至有些时空错置的方式，触及了古今人们都关心的一些问题，比如社会服从和过度服从、趣味单一、群众的反叛、大众文化、受别人支配的自我、群众运动、人的自我异化、官僚化过程、逃避自由投向领袖的怀抱，还有无意识在社会行为中的作用等。一言蔽之，他考察了一大堆不但是他那个时代，同时也是我们现代人所面临的社会问题和观念。我认为，正是因为这本书涉及问题的多样性，使它能拥有这样的持久意义。”

但与此同时，他却有些偏颇地认为《乌合之众》的作者仅仅是“问题的发现者”，而非解决者。对此，我的想法是：勒庞这本书之所以会给人这样的印象，其主要原因，其一是他是个怀疑论者，至少在社会群体心理上是。他不相信大众需要并能理解任何来自理性的结论；其二，勒庞是现实主义者，虽然一生从事学术研究，但这本书中的他更像是政治参与者或政治家。无论他是否意识到了，他都首先是在从政治观察角度而不是学术角度，提出和分析书中的那些问题。他的“不解决”是学术性而非行为性的，是在从经验角度讨论政治行为。我想，对于他，即使是能从理论上解决书中所涉及的那些问题，也一样没法在现实中加以解决。因为任何人都无法改变人性。

“这本书影响力之持久令人费解。在它 1895 年刚面世时，在人们心里它也许只是本赶时髦的书。但任何一种时髦能持续大半个世纪之久仍然热度不减，就一定有其独到之处。”罗伯特·墨顿在 20 世纪 60 年代写下这段话时，也许他没有想到再过半个多世纪后的今天，这本书仍然热度不减！另外一位学者，美国著名社会心理学家奥尔波特的评价更为直接："在社会心理学领域已经写出的著作中，极有影响者，非勒庞的《乌合之众》莫属。"此次翻译仍旧沿用国内对 The Crowd 的通识译法"乌合之众"。需要指出一点的是："乌合之众"其实是一个汉语成语，源于《后汉书·耿弇传》："归发突骑以辚乌合之众，如摧枯折腐耳。"它用来比喻像乌鸦般聚集在一起的毫无纪律的一群人。在汉语文化中有明确的贬义，而原书并无这一题目（原书的题目直译就是《群体心理学》），但在这里作为书名时则是一个中性词。"乌合之众"的译法，还是非常切合作者的意思。作者笔下的群体，确实有"乌合"之意。

《乌合之众》一书的重要性，尤其是在当今社会中的现实意义，已经不用我在此赘述了。由于本书中涉及到不少西方的事件和人物，尤其是法国大革命时期，我在书中增加了必要的背景注释，读者可由此更好的了解这本不朽巨著的全貌，在真正理解的基础上，才能真正地体会到作者想要传达的思想；更意味着你不仅读懂了作者字面的含义，还理解了作者的言外之意。

# 勒庞《乌合之众》的得与失

［美］罗伯特·墨顿

社会心理学大师奥尔波特（Gordon W.Allport）在他的《社会心理学手册》（*Handbook of Social Psychology*，*ed.by Gardner Lindzey*，1954）这部权威著作中这样写道："在社会心理学领域已有著作中，最有影响的也许非勒庞《乌合之众》莫属。"这本书是否应该得到这样高的赞誉可以存疑，实际上也一直存在争议。不过有一点毋庸置疑，那就是它确实对人们理解群体行为起到了巨大作用，对社会心理学研究也产生了难以估量的影响。此外，在这个"孤独的人群"和"千人一面"之类的描述，已成为美国民众日常用来形容自己的处境和感受的时代，这本书适合于我们这个时代也无须怀疑。

这本书影响力之持久令人费解。在它1895年刚面世时，在人们心里它也许只是本赶时髦的书。但任何一种时髦能持续大半个世纪之久仍然热度不减[①]，就一定有其独到之处。如果再考虑它的内容，就会更加不解。它所谈及的那些东西，也许没有哪一个没被人在它之前提到过，甚至有不少比起勒庞的说明来更令人信服，在他之后对这些东西也有大量的论述，但这本书在知识界却继续有着巨大的影响。如果再联系到此书的某些观点早就被证明是错误的，却仍然还是我们这些大众行为研究者不可不读的文献这点，就更令人百思不得其解。最后，该书所呈现的观念尤其是意识形态的矛盾比比皆是，却让有着不同意识形态信仰的作家们无不以严肃态度对待。也许，想解开这团乱麻，最好还是想想它对今天的意义。

《乌合之众》出版后的经历也许有助于解释这种困惑。受勒庞观点触动、启发并全盘接受这些观点的，不但有像民粹派社会学家罗斯和心理学家麦克道格尔这样的人，也包括那些反对这些观点的人，例如作为社会心理学家的弗洛伊德和作为社会学家的帕克。反对者可以驳斥勒庞的言论，但无法视而不见，如果他们不想放弃对社会心理学的关心的话，就不能这样做，因为那都是些最基本的问题。

这正是勒庞此书的独特所在：几乎从头到尾都表现出对重大问题的敏感性。用大法官霍尔姆斯先生的话说，那就是勒庞在这本书中表明自己具有“脊髓中的本能”，这种不断发现有研究价值问题的本领，只在极少数思想家身上能出现。对所有社会心理学家以及愿意思考自己生活的人，勒庞这本书所关注的，几乎无一例外是十分重要的问题。它的标题有着迷惑人的局限，但它其

① 到今天已经是一个多世纪过去了，仍然热度不减。当你阅读它时，会觉得它就是刚写出来的。——译者注

实谈到了许多通常并不是跟“人群”联系在一起的现象。可以说，勒庞此书以简约甚至有些时空错置的方式，触及了古今人们都关心的一些问题，比如社会服从和过度服从、趣味单一、群众的反叛、大众文化、受别人支配的自我、群众运动、人的自我异化、官僚化过程、逃避自由投向领袖的怀抱，还有无意识在社会行为中的作用等。一言蔽之，他考察了一大堆不但是他那个时代，同时也是我们现代人所面临的社会问题和观念。我认为，正是因为这本书涉及问题的多样性，使它能拥有这样的持久意义。

可以这样说，《乌合之众》的当代意义，在于它发现问题而非解决问题的功能。看一下这本书对弗洛伊德的意义就能明白这点，发现问题的功能与解决问题的功能尽管相互关联，却有所区别。也正是弗洛伊德提供了一条渠道，让勒庞的思想影响到了当代人的头脑。20 世纪 20 年代，当弗洛伊德把注意力转向“群众心理学”①，出版了他相关的第一本专著《群众心理学与自我的分析》，他专门用一章的篇幅来讨论勒庞这本书。他开篇就下断语说：“勒庞的《群体心理学》②，是当之无愧的名著。”又用类似判断作为结论，“他极为精彩地描述了集体心态。”在这两个判断之间的，是大量引用《乌合之众》的段落，这些引用与弗洛伊德简短的评论加在一起，占了全书几乎六分之一的篇幅。

但人们很快发现，弗洛伊德对这本书并非明确赞成。在接下来的一章中，他就收回了前面对勒庞思想的赞扬：“我们现在必须补充一句，其实作者的所言没有一点新东西……此外，勒庞等人对群体心理的描述和评估，绝非无可争议。”

① 这是他的“Massenpsychologie”一词的习惯译法。——译者注

② *Psychologie des foules*，本书法文原版的书名。——译者注

这些断然的否定看似有些失礼，跟弗洛伊德自己在前面的说法相矛盾。不过，这也许正是他内心感受的真实流露，而非不礼貌的废话。要知道夸张历来就是一种表明观点的技巧。假如从弗洛伊德的判断中去掉夸张语气，只保留其实质，然后问一句：既然勒庞的话既无新意也不正确，为何又对它如此重视呢？你弗洛伊德为何要像许多严肃评论家一样，用显而易见的尊重态度来看待《乌合之众》？并且为何要把此书作为自己论述社会心理学的起点？当然，弗洛伊德坦诚回答了这些疑问："我们把勒庞的言论作为我们的引路人，因为它对无意识精神生活的强调，十分适合我们的心理学。"

弗洛伊德为自己之所以重视勒庞的思想所作的解释，初看好像无可非议，却并不全面。他解释了自己如何从勒庞的著作中找到了优点，却没有解释为何要把勒庞的思想看作是既无新意也不正确的。需要进一步说明才能理解弗洛伊德这种自相矛盾。弗洛伊德无法否认自己对勒庞自相矛盾的态度。他会在上一页否定了勒庞，却在下一页反过来说勒庞"对群体心态作了出色的心理学说明"。

在弗洛伊德论述勒庞的那一章中，可以找到这种矛盾态度的思想解释而非心理学解释。他几乎是在用苏格拉底的一种对话方式为两个角色写出台词。这种矛盾态度的基础归结起来就是：勒庞只是问题的发现者，而弗洛伊德自己可以成为问题的解决者，至于勒庞是否既能做前者也能做后者，倒不是件容易确定的事。对于前一种能力，勒庞值得赞赏，弗洛伊德也毫不吝啬地进行了赞扬。至于后一种能力，勒庞顶多是无用，但还不至于完全错误，只是弗洛伊德坚持认为他既无用又错误。弗洛伊德把这两种角色交替着委派给勒庞，而他本人也在这种矛盾的两极间摇摆。最后，弗洛伊德提供了一幅清晰画面（虽然是一幅需要大加修改的画面）：勒庞播种，弗洛伊德浇水并培育其生长。

在弗洛伊德看来，勒庞作为问题的发现者，指出了群体生活重要的方面，但并没有作出解释。

勒庞讨论了“情感的强化”与“理智的欠缺”，因而点明了群体心理的“基本”事实，但弗洛伊德说他并没发现群体成员间建立情感联系的心理过程的原因。

作为问题的发现者，勒庞也看到了群体和有组织的团体间“情感传染”和易受暗示的显著特征，但弗洛伊德说他没认识到，这是团体成员与领袖以及其他团体有着性本能关系的产物。

勒庞意识到，如果没有任何联系，“只是一些人聚在一起，尚不足以形成团体”，但是他却不理解这种联系是如何建立起来的。

勒庞特别指出了群体情感的易变、爱与恨的游移不定，以及它的团结和仇视态度，但他没看到导致群体矛盾和理想化（这时受到过分爱戴的人物会变得不容批评）倾向的心理机制。

勒庞“生动描述了”群体缺乏情感约束以及它“没有妥协与反思的能力”，但他不具备任何能使自己看出这是退化到某个早期阶段的理论基础。（甚至像弗洛伊德这种大人物偶尔也会有走神的时候，也会出错。他说勒庞没有明确的退化观念，这当然不错。勒庞一再把群体所特有的冲动、急躁、“无推理能力、缺乏判断力以及夸大情感”比作“进化的低级生命形态——例如妇女、野蛮人和儿童——中的倾向”，因此，弗洛伊德的错误他早已预见到了。另外，当他写下退化到“不必奇怪可以在野蛮人或儿童身上看到的早期阶段”时，显然已经把妇女排除在了这个阶段之外。)

弗洛伊德有时对勒庞的评价有失公正，他说勒庞没有“估计到领袖在集体心理中的重要性”，而他自己却能揭示领袖在集体行为心理过程中的作用。但弗洛伊德显然没能注意到，勒庞赋予英雄神话以极大的重要性，并阐述了其对群体心理的影响，这正跟弗洛伊德在与奥托·兰克讨论之后得出的结论，认为英雄神话是个人把自己从持续的集体统治中解放出来的手段是一样的。

勒庞看到并强调了群体的“趋平”倾向，要求在受压制的平庸水平上的充分平等。但据弗洛伊德判断，勒庞没有认识到这仅仅是一个潜在过程的外在可见结果，在这一过程中，群体成员“通过对同一个目标有着相同爱戴而互相认同”，所谓“目标”，是弗洛伊德的专业术语，在这里指“领袖”。

勒庞用自己的语言生动说明了作为群体和群体成员标志的“服从的欲望”。但他止步于此，没有进一步认识到这种情况的出现，是因为体现在领袖身上的集体理想取代了群体成员的自我理想。

最后，弗洛伊德认为，勒庞把自己局限在有乌合之众特点的暂时性集体上，其实是无意中碰到了一个最有价值的研究对象，因为只有在这种暂时聚集的人群中，才能清楚看到个人自愿放弃独立自主，转而对群体的完全依附。弗洛伊德这样定义勒庞的群体概念是错误的，只要读下面几页就可以明白这点。不过，一流的头脑即使犯下错误，有时也会是有益的。弗洛伊德犯的是聪明人常有的过失，是一不小心就导致了得出真理的幸运过失。

弗洛伊德认为勒庞的陈述“只涉及短命的集体”显然是错误的。然而这也使得弗洛伊德去赞扬勒庞选取了这些“喧闹的、暂时的群体”进行研究，“它们只是集体中的一个类型，我们从中可以看到，正是那些被我们视为个人特性的因素，暂时彻底消失得干干净净”。弗洛伊德这些话具体说明了一个在科学研究中普遍适用、社会科学尤其需要强调、但很少有人能意识到的，可以称之为搜索“重大研究领域”的基本原则，那就是寻找这样一些课题（例如这里的具体课题是暂时性的群体），它能使人去研究那些可以取得特殊优势的科学问题。

勒庞只是部分做了弗洛伊德以为他做过的事，并且是在不知不觉中做的。他集中研究了暂时性群体，但并没有局限于此。在他“群体”是个宽泛的概念，既指暂时聚集在一起的人，更是指一些持久存在的团体和社会阶层，例如议会、宗派和构成阶级的人。不过，勒庞在关注较有生命力的公众甚至持久的社会阶级的同时，更注意那些形成政治暴民的短命人群，因此，他不小心抓住了一个研究集体行为的重要时机，即这种正在发生过程中的行为。有理由认为，弗洛伊德把勒庞显然并不具备的方法论技巧归在了勒庞名下。弗洛伊德得出这个对勒庞有利的评价，不是因为他注意到了勒庞做了科学家都在做的工作，即找到重大研究素材，而是揭示出比所研究的事例更为广泛的变量之间的相互作用。

从弗洛伊德对待勒庞的这种矛盾态度中能得出的结论是：勒庞对人群和集体行为的突出特征有着敏锐的把握能力，但并没做出令人满意的说明。勒庞就像一条专门寻找块菌的狗，他在社会心理学表层某个位置停留片刻，那下面就会有未被人发现的重要理论的块菌。弗洛伊德把自己的形象描述得恰恰相反，他认为自己才是那个能看到本质的，把这些社会心理学的块菌挖掘出来的，并烹制成一道美味的知识佳肴的人。这两种形象对他们两人以及他们的著作都不百分百公正，然而也不能说一点也不公正。勒庞主要是作为群体社会心理学问题的发现者，而弗洛伊德在某个阶段既是有想象力的问题发现者，也是一个成功的问题解决者。通过考察弗洛伊德对待勒庞的矛盾态度，我们能看出一些可以认为是重要的新观点（但是别人已经有所预见，因此并非不可或缺）和一些正确而有意义的思想（但并不十分深刻，因此只有提示的意义）的贡献与局限性。弗洛伊德对勒庞《乌合之众》的矛盾态度，就是十分恰当的例证。

弗洛伊德对该书的态度并不稀奇。把它单独举出来，并非是因为像弗洛伊德这样机智而富有创造性的头脑的作品，任何时候都会让我们倍感愉快，而是因为他对勒庞的理解，以及他的造成意外收获的误解，能帮我们更好地理解此书。如果弗洛伊德在提出自己有关人的社会行为的思想时，从这本书中发现了大量有现实意义的因素，那么在较小范围内我们也能做到这一点。虽然他从该书中总体来说没有发现什么很正确或全新的观点，这对我们一样有教益，原因是：勒庞不是在盖棺定论，而是在为这题目更为先进的观点提供重要指导性起点。

一组有价值的现实因素，赋予了弗洛伊德对此书解读以意义，同样它也能为我们的解读带来意义。这需要我们从该书中发掘出比它字面含义更多的东西。读者不仅要留意勒庞反复论述的问题，还要注意他有时无意间流露的思想，这样我们就能感受到在人的社会行为中过去我们没有留心的那些方面。就像许多别的书一样，读者如果希望从中得到一些能够得到的东西，那么读出字里行间的含义是很重要的。这也适用于我们中间那些组成了各类团体的人，尤其是那些叫嚷着自己不服从的人（其实他们受着严格的约束），前提是如果他们想理解对我们每个人都会产生作用的服从倾向的话。

此书包含着丰富的现实意义，不少隐藏在字里行间，这也解释了它的影响力为何会经久不衰。这种影响力也缘于它的主要论点属于一些复杂思想的组成部分，它们大多数仍然与我们同在，例如强调人的行为中反理性或非理性的特点。这是一幅世纪末的人类画像，它把人类描绘成极易受到操纵，莫名其妙就情愿受骗上当的物种。不过这显然是一幅未完成的肖像画，因为如果有些人受到控制，必定还有一些人是在控制。所以从根本上看，有些人是把别人当作达到个人目的的手段。另一个更深刻的假设是，人类有着自我欺骗的无限能力，能把罪恶说成美德，并为了犯罪而否定美德。人类性格的这幅画像还导致了一种社会哲学和社会学的出现，认为人特别易于在现实环境的引导下变得愚蠢，使他天生的才智或是因为追随乌合之众而变得平庸，或是用于邪恶，作为暴力和强制的帮凶，而欺骗自己的同胞。

人既无理性又自私自利，易于冲动且反复无常，或者是把理性用在伤天害理的事情上；他既是暴力和虔诚骗局的实施者，又是它们的牺牲品（这样一幅人类画像，在勒庞写下此书的时代当然算不上鲜见）。至少从《君主论》（这个标题显然强调了控制者）的时代起，一直到《乌合之众》（这个标题转向了被控制者）的时代，每个世纪的马基雅维利主义作家都在不断制造这样的形象。不过同样真实的是，它在19世纪后半叶才变得十分醒目且一直延续至今，人类是理性生物这一近乎完美的形象，即使没有被它消灭，也受到了它的毁坏。

对于人类及其行为中这个令人憎恶的一面，心理学家、社会

学家、社会哲学家、政治理论学家、政论记者以及有创造性的落魄小说家，都有过大量的书写与应时之作，勒庞的《乌合之众》不过是其中一本。这本书出版的同年，即1895年，布罗伊尔和弗洛伊德发表了他们的划时代力作《癔病研究》，这是个奇妙的巧合。它们的同时出现，无论如何也不能说是偶然。因为只有在人类非理性问题凸显了出来时，并被很多人关注的社会条件下，这种思想相近的著作才有可能相继出现。

也许有人会否定这种说法，认为每个时代都有自己的麻烦，都会自以为面对的是理性的黎明或非理性的开端。然而这是错误的，它毕竟无法说明，这种时代的自我形象为何在19世纪下半叶的法国如此迅速地抓住了人心。回顾19世纪50年代，由龚古尔兄弟组成的那个两人文学小组，他们从未满足于小组内的观点一致，一起预言患了贫血症的欧洲文明将遭受野蛮人的攻击，这不是指那些在欧洲已经消失了的传统野蛮人，而是那些在他们看来粗野的工人，他们说这些人会把自己的这项任务称为“社会革命”。当时法国的人道主义知识分子丹纳、圣伯夫、讽刺作家“加瓦尔尼”、勒南以及龚古尔兄弟生活和工作在其中的那个圈子里的其他人，全都对眼前的“道德卫生状况”忧心忡忡，对未来充满疑虑。他们的预言在许多方面都和勒庞这本书的内容没有多大区别。例如丹纳就预言，20世纪的人会表现得活力有余而悟性不足。

关于群众行将到来的统治，还有着比这些模糊预兆更多的现象，它们足以说明，从社会学的角度看，即使勒庞本人从未存在过，他的这种思想也注定会出现。这一点上最好的证明是，在同一时间，另一位社会心理学家——意大利人西盖勒也提出了基本相同的思想，另外勒庞的不少思想也由法国人塔尔德表述过。但凡是两个以上的人几乎同时产生相同的思想，经常会出现“谁是这种思想先驱”的争执。一场旷日持久的争论解释了，勒庞为什么一再别有用心地重复他在十五年前就说过的关于群体“模仿”和“情感传染”的话。他与西盖勒不断进行着或是公开（这是勒庞的典型风格）或是指桑骂槐的争吵，后者在自己的《宗派心理学》中直率而愤怒地自称先驱，并说勒庞的《乌合之众》“大部分显然都是在抄袭我的著作”。在《犯罪群体》的第二版中，他又一时兴起，抱怨勒庞“在讨论群体心理时利用了我的观点，却对我只字不提”，又说“一点也没有正话反说的意思，我认为采用我的观点却不提我的名字，再没有比这更高的赞扬了，对此我没有丝毫怀疑”。我们当然没有兴趣为这些一度颇为激昂的优先权声明作宣判，这种事后的判决是那些思想史专家的事情。西盖勒和勒庞以及（在较小的程度上）塔尔德之间的争吵，对我们的意义仅仅在于，许多人同时有着基本相同的思想，并且至少部分是相互独立存在的时，就证明了这些思想出现的必然性。因为文化遗产已经为它给出了知识前提，还因为社会现实的引导，已经把思想家们的注意力转向了能够产生这些思想的问题上。

有相当严格的证据使我们认为，勒庞的著作部分地反映着当时的文化气氛。回忆一下17世纪格兰维尔的气象学比喻吧，在20世纪怀特海使它复活前，一直就默默无闻。形成一种舆论气氛的思想迎合了人们的趣味，这并非出于偶然。它们所以能够得到普及，是因为社会深层结构出现了变化，还因为这个结构由于各种压力和紧张关系已在发出即将崩塌的响声，或是因为严重的动荡和剧烈的变化，使一些已被人们接受的思想有了意义，同时使另外一些与当前无关的思想变得不合时宜（它们还会顽强地表现自己，因为并不是文化的一切都严格决定于社会结构，还因为同样的压力对该结构中地位不同的人会有不同的效果）。一般而言，思想的创新以及这种思想的普及，需要对应的社会条件。具体而言，我认为，使勒庞的言论和思想迅速得到普及的那些重大历史事件，就是对他产生那些思想起了很大作用的事件。同样是这些事件，让勒庞和他的听众产生了共鸣。

稍微回顾一下勒庞漫长一生的历史背景，就不难明白为什么他对群体中个人的描述，对于他本人和他的读者都深具意义，以及他为何根本没有机会对这种描述做重大的修改。勒庞生于1841年，从那时起人们本来以为具有革命精神的国王路易·菲利普变成了一个彻头彻尾的保守派，从而激发了改头换面的激进主义和空想社会主义的传播。当勒庞还是个七岁大的孩子时，巴黎打起了街垒战并导致国王迅速退位。在“六月起义”惨烈巷战后，路易·波拿巴亲王取代国王，成了第二共和国的总统。当时勒庞还无法理解路易·波拿巴如何巧妙地利用民众，把总统职位变成了皇帝，以拿破仑三世的称号傲慢地统治着第二帝国。不过到了19世纪60年代，勒庞显然认同了这位皇帝安抚民心的十年统治——他是想避免民众的反叛，只希望巴黎的老百姓在经历了色当惨败后能够把欧洲忘掉。在1871年的公社期间，激进派、共和派、蒲鲁东派和布朗基派等一伙短暂掌握了政权，勒庞对此深感忧虑。对于这次反叛，马克思怀着矛盾的心情，既说它是一个巨大的政治错误，又认为它是工人为自己的权利而举行起义的预演，是他们最终获得解放的序曲。作为一名成熟但并不总是十分敏锐的观察家，勒庞目睹了1870年成立的第三共和国的全部过程，那些走马灯似的政府更迭，以及为了统治群众而借助的蛊惑人心的手段（有时也确实奏效了）。尤其对不久便要动笔的著作十分有利的是，勒庞亲历了那个优柔寡断而又好战的煽动家——布朗热将军[①]迅速取得势力的过程。这位将军在1886年7月14日，就像那位“马背上的人”一样，骑着自己那匹名为“突尼斯”的战马闯进了历史。

勒庞在全书中只提到了布朗热两次，一次提到他的名字，另一次只是间接暗示，英译本的译者因为拿不准读者是否记得那段历史，认为有必要加上一条指名道姓的注释。后面这个暗示表明，作为一个即使说不上心惊胆战也可说是十分沮丧的保守派，勒庞本人对群体及其社会心理学的理解，在多大程度上是建立在他对发生在自己面前的事的观察上的。勒庞这样写道：

“群体很容易做出刽子手的行动，同样也很容易慷慨就义（这种有关矛盾心理的论述令弗洛伊德感到亲切）。正是群体，为每一种信仰的胜利而不惜血流成河（然后勒庞又补充上了与我们的目的十分相符的话）。若想了解群体在这方面能干出什么事，不必回顾英雄主义的时代。他们在起义中从不吝惜自己的生命，就在不久以前，一位突然名声大噪的将军，可以轻而易举地找到上万人，只要他一声令下，他们就会为他的事业牺牲性命。”（见本书第一卷第2章第1节）

① 布朗热（1837—1891）：法国著名的军事家、政治家。1886年出任陆军部长，他的亲信组成“爱国者同盟”。他提出的修改宪法及解散议会的主张，赢得了对温和派不满的各阶层和各政治集团的支持。在普法战争后，制造了布朗热事件，掀起了法国的民族沙文主义运动。后失败自杀。他在服役期间曾六次受伤，作为将军在军队中享有很高的声誉。——译者注

书中未点名提到的将军当然就是布朗热。这段布朗热插曲即使法国人还没忘记，在美国人中间多半也早就被忘掉。这就像那些可怕而短命的时期一样，强有力的煽动家因为没有最终把自己攫取的政权合法化，通常都会被各国那些被广泛阅读的史籍所遗忘。但是在19世纪80年代的最后五年里，布朗热将军和他那群政治上的乌合之众的崛起，以及那场占领法国政治舞台的称为“布朗热主义”的运动，其规模就像约瑟夫·麦卡锡参议员和称为“麦卡锡主义”的那场占领了20世纪50年代前五年美国政治舞台的运动一样。（可笑的是，这两件事居然连细节都十分相似，麦卡锡在政治上垮台三年后落魄而死，布朗热在受到叛国罪审判的威胁之前，逃离了法国，三年后去世，死因显然是自杀。）

仓促间谈论这些人和运动，由于它们在时间上相隔几代，空间也相距遥远，因此乍看像是些无聊的历史类比。勒庞的《乌合之众》毕竟不是在写历史，他借助于历史，是要努力找出群体性格和行为中一再出现的相似之处，这些相似之处只在细节上有所不同。虽然在勒庞的思想经历中没有证据表明，他首先提到布朗热插曲是想用归纳法找出群体社会心理的发展脉络，但是这段插曲的确引起了他的注意，在这一点上他和当时那些不假思索的法国人是不一样的。

变成偶像的布朗热这段短暂而不光彩的历史，读起来就像一部由勒庞创作的反映领袖和群众关系的社会心理学剧本。但更为合理的假设是，勒庞对事件进行了总结，而不是布朗热和他的追随者预演了这部著作。作为勒庞关于群体行为的思想之根源和可能的依据，布朗热主义也值得我们注意。

经历了稳步提升，在成为法国军队中最年轻将军之后，布朗热进入了作战部，负责为当时的激进派领袖克列孟梭制定那些秘密决策。他先是因为显著改善了军队的生活条件而获得广泛支持。当时的法国军队已不是习惯于艰苦条件的职业军队，而是以一些暂时变成军人的普通文官为基础组成。不久，他变成了一个因人而异的多面人物。第三共和国心怀不满的大众，认为他是能够消除他们主要不满根源——政权——的领袖，布朗热本人毫无政治信仰，因此他能够而且也确实答应满足许多政治派别相互对立的利益。他答应戴鲁莱德的爱国者同盟，要挥舞起恶棍的大棒来贯彻他们的沙文主义主张，要把德国人赶回莱茵河以洗雪民族耻辱；对于波拿巴主义者，他许诺要恢复帝国；对于维持着他的花销的保皇党，他答应恢复君主制。五花八门的政治群体，社会主义者、机会主义者、温和的共和派和持不同观点的激进派，他能让每一派都把他当作“他们的人”。这些群体因为共同反对政权而松散地结合在一起，全都认为布朗热就是他们事业的领袖，虽然他本人除了将军的事业之外，实际上不支持任何事业。整个民族群体的各种矛盾，在领袖个人身上取得了统一。

政治事件一幕幕接踵而至：1886 年巴士底狱纪念日，巴黎民众在朗香高喊他们支持将军，不要总统；在将军竞选获胜后，巴黎的群众不断叫喊着要他向爱丽舍宫进军；报纸对他表现得百依百顺，先是罗什福尔的《不妥协者报》，后是维伊奥的《宇宙报》，再后来，其他一些报纸众口一词，都变成了将军及其运动的宣传页，在还没证实一下已经说过些什么之前，便盼望着听听“他们在街上正说些什么”；献给“我们勇敢的将军布朗热”，“啊！复仇将军”和“希望将军”的赞美诗迅速增加，这些歌既表达了群众的情感，也控制了他们的情绪；各种玩具、机械工具，甚至——竟然偶像化到这种地步——烧酒，都拿这位受爱戴的领袖的名字来命名，简言之，这是布朗热主义短暂而强烈的支配期，它几乎就要以一次新的雾月十八日而大获全胜。对这些事情无须再做细节上的描述，它们不过是勒庞这本书中的一页。（当勒庞提到那个无名将军“可以轻而易举地找到上万人，只要他一声令下，他们就会为他的事业牺牲性命”时，字里行间便隐藏着这些事件。）

布朗热的其他故事也包含在这本书里，只是被伪装成一些概括性的语言。特别有针对性的记录是群体——尤其是巴黎，不过外省也一样——爱恨的迅速变化：布朗热今天还受到崇拜，明天便成了嫌犯。从布朗热迅速崛起中，勒庞也许找到了他贯穿全书的一条公理，就名望的获取而言，取得成功就是最大的成功，正像他从布朗热的突然垮台中找到另一条相关公理一样，这条公理他没有明说出来，那就是就名望的衰落而言，失败就是最大的失败。当法国精明的政治家（主要是指老牌政客、法国内务部部长孔斯坦，但并不限于他一人）不断算计这位大众英雄的诸多弱点时，他便很快失势。布朗热慑于叛国罪的审判，和他多年的情妇玛格丽特·德·邦曼逃离法国。他先去了布鲁塞尔，但很快被驱逐出境了，又去了伦敦，然后是泽西，最后又回到布鲁塞尔。他在流放中依然抱着天真的乐观主义，在布鲁塞尔发表了一些没人看的宣言，最后他终于认识到，法国各政治群体想必又落入了狡猾的政客手中，不再把他当作决定他们命运的人。政治失败的打击，再加上 1891 年玛格丽特因结核病去世，使布朗热在两个月里伤心不已，终于也让自己躺进了安葬着她的伊克塞勒墓地。

勒庞和他的同代人都目睹了这一切，但和绝大多数人不同，他对自己的所见做了思考。在这出戏中，他看到巴黎轻浮的民众迅速忘记了他们的马背英雄。1889 年 6 月，在布朗热逃离法国不久后，万国博览会在巴黎开幕。在此期间发生的众多事情中，埃菲尔铁塔独占鳌头，它那伸向天空 300 米的钢铁身躯，宣告一个新世纪的到来，在这个新的世纪里，钢铁将取代石头成为城市的支柱。在思考群众的轻信和多变时，勒庞想必从民众对那个末路英雄的报复性攻击中看到了证据，证明他们"为自己曾向一个已不复存在的权威点头哈腰而进行报复"（见本书第 2 卷第 3 章第 3 节）。

勒庞留心这一切，并将其归纳起来写进了《乌合之众》一书。即使布朗热插曲不能为他的社会心理学磨坊提供足够的谷物，当时的社会也很容易供给他充足的原料。在布朗热主义消失后不久，紧接着上演了雷赛布——一个能移动山岳、凿穿地峡的人——戏剧的最后一幕。他在苏伊士大获成功过去很久后，栽在巴拿马运河的丑闻上。在年届 88 岁时，他自豪地佩戴着荣誉军团大十字勋章，却发现自己被判了五年徒刑。对于这件事，勒庞难以做到喜怒不形于色，也无法保持学术上的超然。于是我们在此书的一些地方，看到他愤愤不平地分析民众如何攻击这位"历史上最了不起的英雄之一"。

这一系列事件的登峰造极之作，就是被充分理解其含义的法国人至今还称为"大事件"的那件事，它也许加速了此书的写作进度，对此我们并不清楚。就在勒庞写这本书的同一年，德雷福斯上尉遭到起诉，接着迅速受到秘密审判并被判处叛国罪，剥夺军衔，在魔鬼岛上终身服刑。德雷福斯上尉是第一个获准进入总参谋部的犹太人，而且还是个阿尔萨斯人。该案件主要是受虽有政治头脑却愚蠢透顶的总参谋部当局的挑动，同时案件的处理也受到人为的操纵，法国群众的轻信与分裂因该案件达到了顶点，并且造成了许多次要后果，其中之一为勒庞的书提供了新的依据。当然，1894 年对这个非我族类的审判、定罪、撤职，其严重程度使得纵然最不关心政治的法国人（但愿这不是个自相矛盾的称呼）也不会不予注意，更不用说像勒庞这样的观察家了。

也许现在我们可以明白，为何说认为勒庞这本书是一部以阅读法国大革命事件为基础的群体行为的社会心理学著作，只是出于习惯却不完全准确。因为这种流行的解释只有部分的正确性。不错，在勒庞用来阐明自己观点的五十多个具体事件中，有二十个左右是发生在法国大革命岁月，另外还有几个谈到了拿破仑①。但仍有占一半左右的不但发生在法国，而且还被勒庞所目睹。至于很多次提到大革命，也是因为勒庞像那个时代许多其他法国人一样，受那场大革命的影响太深，在他著作中还有无数个暗示表明，他对自己身边的群体行为所做的观察，提醒他去注意大革命中的一些相关事件。他对法国大革命的社会心理学研究，是因为他看到了自己时代法国的群体生活乱象，对历史所做的回顾。他经常是在大革命时代群体行为的伪装下，对第三共和国的群体行为进行分析。

在阅读勒庞时，往往觉得他本人经历过法国大革命，他的希望不幸被第二帝国所出卖，又因第三共和国而彻底破灭。当然不

① 拿破仑（1769—1821）：即拿破仑一世，法国军事家、政治家，出生于科西嘉岛，十九世纪法国伟大的军事家、政治家，法兰西第一帝国的缔造者。历任法兰西第一共和国第一执政（1799 年— 1804 年），法兰西第一帝国皇帝（1804 年— 1815 年）。——译者注

是这样。他只活了90岁，这本使他扬名四方的书问世于他55岁那年。但是他在自己那个时代对法国群体行为的观察，已足以为他的社会心理学奠定基础。也许他会对圣保罗大教堂唱诗班入口处那句纪念雷恩的《铭文》重新加以解释，向他的同代人说："诸位如果需要我这些想法的证据，就看看你们周围吧！"

似乎历史事件既不是勒庞群体行为理论的唯一来源，也不是其主要的经验证据。人们所以得出这样的看法，至少是因为他对把历史用于学术研究的目的，表现出一种矛盾的态度。在这本书里，他发现对于作为复杂事件和人类社会行为结果之真实记录的史学，可以不予理会。按照他所宣布的原则，他持的是"历史全是一派胡言"的观点，（据说）这句话后来由亨利·福特说出而广为人知。如果福特确实说过这句妙语，他也只是简单一提，而且是出于无知，而勒庞却说得很多，并且不像是出于无知。怀着这样的心情，勒庞相信"那些史学著作只能当作纯粹想象的产物。它们是对观察有误的事实所做的无根据记述，混杂着一些作者对结果的思考与解释。写这样的东西完全是在虚掷光阴"（见本书第1卷第2章第（2）节）。为了得出这种历史虚无主义，勒庞首先认为历史记载难逃两种噩运：第一，这是因为记录历史真相的证据并不存在或已散佚；第二，对碰巧可以利用的文献进行有倾向性的选择，他认为这是史学家避免不了的。

后来他换了一种心情，这种心情显然延续了很长时间，使他花费精力写了好几本所谓的历史著作。也许是他发现，不大量征引历史，根本无法谈论群体行为（或人类任何其他类型的行为）。1912年，当勒庞发表《法国大革命和革命心理学》（*La Révolution française et la psychologie des révolution*）一书时，他只是改变了自己的做法，却没有改变看法，他依然认为想要写出真实的历史是一种荒谬的要求。

就像与自己矛盾心理做斗争的大多数人一样，勒庞也提出了一种妥协的理论。这使他既可以和历史生活在一起，又能否认与它同居的事实。这个合理化的理论迷人而简单："那些在人类历史上发挥过重大作用的伟大人物，如赫拉克勒斯[①]、释迦牟尼、耶稣或穆罕默德，我们拥有一句真实的记录吗？"但勒庞又说，这些人的"真实生平对我们无关紧要。我们想要知道的，是我们的伟人在大众神话中呈现出来的形象。打动群体心灵的是神话中的英雄，而不是一时的真实英雄"。（见本书第1卷第2章第（2）节）

对于这种在真正历史与作为神话的历史间取得妥协的做法，我们可以提出质疑，但对于勒庞这种在看待历史的矛盾中摇摆于两种对立倾向之间的困境，我们却必须给予同情。他触及了一个后来被令人信服地阐述了的观点：在决定人们的历史地位上起着更大作用的，不是他们的"真实"面目，而是后人对他们的认识和感受。在这两者之间，在真实性（在创作者本人看来也许完美无缺）与表象之间，不必完全吻合，尽管有时能够吻合。在这种对待历史的复杂情感的挣扎中，勒庞使自己接近于一个可以称为"托马斯定理"（这个名称来自已故的20世纪美国社会学大师托马斯）的观点："假如人们把条件定义为真，则根据其结果它

① 赫拉克勒斯：又译海格力斯，是古希腊神话中最伟大的英雄。神王宙斯与阿尔克墨涅之子，天生力大无穷。但由于其出身而被宙斯的妻子赫拉所憎恶，因此遭到赫拉的诅咒，导致其在疯狂中杀害了自己的孩子。为了赎罪，他完成了十二项"不可能完成"的任务。途中还解救了被缚的普罗米修斯，隐藏身份参加了伊阿宋的英雄探险队，并协助伊阿宋取得金羊毛。——译者注

们即为真。”他几乎得出了一个很久后人们才知道的事实，即人的“公开形象”以及该形象在影响接受它的“群体”方面所起的作用。勒庞对自己看待历史的矛盾态度极力想要弄出个究竟，这使他几乎——虽然稍欠火候——得出一种正确的见解：作为神话的历史，在形成后来作为社会现实的历史上发挥作用。

勒庞展现出了他的全部智力（这一点不容忽视），但比较而言他还是没能取得对那些学者的胜利，他们以尽人皆知的含糊其辞的最终分析为依据，否认了历史为发现人类社会生活中的一致性因素提供的基本材料。勒庞像他的许多同代人一样，可悲的是，也像他的许多后来者一样，认为历史是一种表象，而历史文献所记录的是一些独一无二的事件。如果严格地说就是这样，如果历史材料不能为用一种让人觉得模棱两可的很模糊的语言，探寻人类行为发展及其社会制度和社会结构发展中的相同因素提供充分的基础，那么勒庞确实是在浪费他本人和我们的时间。对于这种并不完美的错误观点，也只有那些享受着一劳永逸的先人遗产的人才会轻视它：这仅仅是事后的聪明。就在《乌合之众》出版6年后，杰出的德国哲学家李凯尔特和文德尔班仍在就历史只能得出特殊的描述的原因进行解释，它们和能够在物理学和生物学中发现的相同因素是不同的。只是到了后来，才有人对在研究普遍规律的，或概括性的学科与研究独特，或称单独的现象的学科之间所做的错误划分给予否认，例如，柏拉图的观点：“‘历史绝不会重复’与‘相应的历史在某些方面，我们可以称之为主要的方面，总是重复’，同样都是对的。”

幸运的是，勒庞在实践中继续将他从原则上给予肯定的观点否定了。他继续利用历史，从那些具有独特性的具体历史事件中，抽象出某些在一定程度上重复出现的方面，以此把人类行为中假定的相同因素找出来。不过在指出这一点时，我们不能对勒庞存在偏激，把事实上他没有表现出来的远见归在他的名下。读一下这书就能知道，勒庞显然并不具备方法论的头脑。他的著作从来不会为了系统搜集证据而折腾，这让他自己的思想可以接受公正的客观的检验。他采用的方法，是社会哲学家、社会心理学家和社会观察家都在用的方法，不但在他那个时代非常盛行，而且在我们这个时代也还存在着：把历史上的奇闻逸事当成思想资源，错误地认为这种资源多少可以证明由此得出的解释是真实性的方法。他的方法虽然有缺陷，但是就像我们所见，他的某些观点却是对的。它仍然不精致，需要后来的社会科学家再付出更多平凡无奇的艰苦工作，他们不想从一个观念高峰立马跳到另一个观念高峰，他们在认为自己已准备好攀登之前，先要在方法论研究的峡谷之中长途跋涉。

得到传播的思想，如果作者没有提供一个良好的基础，使人可以分辨其中正确成分和胡言乱语，便很易于变成勒庞式的思想。区分错误思想和创造性思想的标准，在社会思想的领域里跟在其他领域一样，要看那些能够站住脚的、大体（但不肯定）正确的思想占了多大比例。就此而言，勒庞似乎取得了相当高的打击率，这也可以解释此书为何有持久的影响。有时，正像弗洛伊德所暗示的那样，他的打击不着边际，而他却自以为赢了比赛。不过在社会哲学家的竞赛中，他的确不时得分，并能在关键时刻来上一个全垒打。

把勒庞同时看作是一项竞赛中的胜利者和一位社会学先知，也许会铸成新的错误，那就是混乱的形象化比喻和迷恋时代错置的行为（棒球毕竟不是勒庞那个世界的一部分）。不过这个混乱的形象是可以捍卫的。勒庞接触了一系列棘手的问题，对于其中的每个问题他都想一试身手，最后他做出了一系列社会学断言，使他的后继者能够在这些难题上做得比他本人更好。此外，在勒庞的后继者中间，一些研究人类群体行为的人，也曾独立采用过这个有关体育和科学的不雅的比喻。社会学家拉扎斯菲尔德和社会哲学家奥尔特加·加塞特都曾分别这样做过，对于对手类似的犯规表现，他们都是完全无辜的。拉扎斯菲尔德在《社会研究的语言》（*Language of Social Research*）一书中认为，奥林匹克运动上竞赛纪录的不断提高，其原因并不是人类竞技能力发生了达尔文主义或拉马克主义意义上的进化，而是因为对这种能力的训练在过去不断地有所改进。因此，每一代人都可以看到一些人的表现有了改进，但他们的能力并不比自己的前辈更好。在《群众的反叛》（*The Revolt of Masses*）这本通过学习勒庞而改进了勒庞的书中，奥尔特加对体育纪录的不断提高提出了同样的看法，并且指出科学中也有类似的情况发生。在人类文化的所有领域，大概除了艺术和道德之外，现实很符合这种一度过时的“进步”观，按其严格的定义，它是指不断积累的知识以及有益的思想与行为能力的提高。因此可以说，勒庞在《乌合之众》中的观点，一直被另一些头脑加以改进，他们的能力未必高于勒庞，有时甚至还不如他，而是得益于后来者的身份。

在有些读者看来，勒庞的思想有先见之明。当他如先知般写道“我们就要进入的时代，千真万确将是一个群体的时代”时，他所谓的群众进入了历史，是指群众过去几乎不起任何作用的观点已开始发挥作用，后来一些意识形态来源于大相径庭的作家，如科拉蒂尼、奥尔特加·加塞特、纽曼、弗洛姆和阿伦特，都曾对这一观点做出更深入的阐述。

勒庞另一个远见卓识是，群体中人正日益被大众文化所湮没，这种文化把平庸低俗当作价值。在他的笔下，与过去的社会相比，群体中人更易于接受自己周围人的判断和爱好，他的这一观点不可能不让人想到今天人们对所谓当代人失去自我判断能力的关切。

社会学家帕克和伯吉斯承认，勒庞预见到了我们这个群众运动的时代，并且描述了这些运动的若干特点，其方法已被相关社会学研究所继承并发展。

勒庞有先见之明的最后一个例子是，他认识到群体的日益重要性。这是一群缺乏组织的人，他们关注同样的社会热点，在一定程度上表现出与同处一地、有组织的群体相同的心理行为。勒庞当然不能预见到广播电视这类影响巨大的新大众媒体（他毕竟不是真正的先知），不过他确实注意到了新闻人对群众观点的影响，他们先是迎合群众的情感，然后把这些情感引入特定的行为渠道。

用恰当的行话来说，所有这些“见识”都表明，如果一种观点能指出人类社会行为中多次出现的某些方面，那么即使它并不精细，也能够把握未来事件的某些方面。这并非因为像一些人认为的那样勒庞是个先知。先知是指那些自称能够预测具体事件的人，即使做不到万无一失，也能预见到许多细节。如果他是个出色的先知，他能预测这些事件会在何时何地发生，能对其细节做准确描述。相反，研究社会、分析其运行要素的社会学研究者，不适合承担这项艰巨的任务。勒庞不是先知，虽然他经常被人错误地当作先知，或让人误以为他本人自称先知。他的任务仅仅是尽自己最大努力去找出某些前提条件，在这些条件下，可以合理预期某些社会行为和社会变化的出现。当他遇到身边的一个具体问题时，他只会谨慎地去偶尔预测一下未来有限的某些特定方面。社会科学家只偶尔做出预测，不仅是因为比社会先知更没有把握（后者的一大优势是，他有着接触未来历史的私人渠道，这种知识很少有人具备，或根本就没有人具备）。已成为常规的谨慎态度和不确定性，不但使社会科学家只偶尔做出预测，例如关于人口大量增加所造成的后果的预测，而且还因为，当他有时打算说明在特定条件下可以合理预期发生什么时，他往往并不能说明预测性的结果需要的不可缺少的条件，会在什么时候出现或能否出现。

社会科学家所做的预测，同与他貌合神离的先知相比，在另一个方面也有所不同：他希望从自己的失败中学习。假如社会科学家有理由认为预期发生的结果没有出现，如果研究表明，假定的条件事实上已经出现但没有发生预期的结果，他会坐下来重新评价自己的证据，反省自己的方法，就像有人对他发出指示一样。先知对自己落空的预言会更加关爱，他不会丢弃这种预言，也不会重新整理自己关于事物如何发展的认识。相反，他习惯于轻描淡写地对待预测的结果与实际结果的不一致，使预言避开对立的证据，得以原封不动地继续存在下去。成功的先知能够很有效地做到这一点，他善于利用娴熟的辩解“保住面子”，使他的信徒从看来已经落空的每一次预言中，往往只能很快看到自己的先知更为深刻的力量。

对社会先知和社会科学家的这些简单比较，并不像看上去那样离题。我的意思是，当今天重读《乌合之众》时，我们中间一些人会禁不住把勒庞在 1895 年所说的话，视为对后来发生的事的预言。这不仅仅是错误，而且显然也是对勒庞有害的。这等于强加给了勒庞一个“先知”的头衔，一个他偶尔有所向往，但因为不合适而放弃了的角色。根据他的表现，也根据 19 世纪末的流行时尚，他是想成为一名社会科学家。当然，与较年轻的法国同代人，例如开启了社会学思想和社会研究新纪元的迪尔凯姆不同，勒庞从来没有学会如何按部就班地去收集和分析社会学数据，以及用数据来否定自己的观点——如果它们是错误的话——真实性的方法。社会学研究这个阶段的到来仍然有待时日（当然，即使现在也只是处在初级阶段）。勒庞有社会学家的目标，但他并没有学会如同知识苦行僧一样的工作方式，而这是使他的研究在方法与推理上具有说服力所必需的。他有社会学家的意图，却只有政论家的成果。但是，由于他对社会学有着先天的本能，因此才说了许多很值得一说的话。

当然勒庞也说了不少不值得一说的话。我们看到，这本书的内容、观察的质量都不平衡，根据观察做出的推论也不平衡。它充斥着各种观点，有些正确而富有成果，有些正确但并未结出果实，还有一些肯定不正确，但是有助于启发正确的观点，不幸的是，也有一些既不正确也无成果。我们只能说，勒庞与我们中间的大多数人一样，没有能力对自己得出的各种观点具有的价值做出判断。因为它们是他头脑的产物，因此他对它们一概厚爱有加。不管好还是坏，能结出果实还是寸草不生的，所有这些观点都受到了其长辈样的呵护。实际上，他的行为给我们的感觉，就像寓言中那个乐善好施的儿子。不管他喜欢哪个知识儿孙，他都会将其带到这本书里来。他喜欢一些如今我们已经知道根本上存在错误的有害观点，而且勒庞本人的价值观也是很危险的（我们很快就会看到这方面的一个例子）。不过即使在这种情况下，他的良好感觉最终还是占了上风。

也许因为勒庞写的是一本有关群众的社会心理学著作，而不是他们的一部编年史，所以他的书里包含着许多与我们这个时代格格不入的内容。

勒庞把各种意识形态和信念搅和在一起，这方面的证据在这本书里随处可见。他是个忧心忡忡的保守派，对有社会主义倾向的无产阶级的不断壮大忧心忡忡。他一再出现的政治保守主义迹象，对社会主义每个方面的一贯敌视，一种独特的种族主义幻觉，还有把妇女描述成软弱而沉默、不善推理也不可理喻的人，认为她们好冲动、反复无常、缺乏道德，和男人相比完全等而下之，但所有这些观点只是该书的外表。即使把这些意识形态垃圾全都清除掉，对勒庞有关群众行为的基本认识也不会造成任何伤害，尽管它们不完善。

我们只需要对这样一个意识形态的观点进行考虑，勒庞和当时的许多人都持有这样的观点，即他所说的“种族的基本观念”是“决定着我们命运的神秘主因”（见第3卷第4章）的意识形态。但这种观点不过是19世纪中叶由戈比诺创立的那种种族主义，它是作为经久不衰的种族中心主义的基础，为掠夺“劣等种族”提供了理由。在勒庞看来，“种族”是个不易理解的概念，它大体上相当于“民族性格的构成”。例如，当勒庞提到“西班牙种族的遗传本能”时，或当他偶尔谈到所有地方的群体都有“女人气”，但“拉丁民族女人气最重”时，我们便可以理解这一点。

“种族”是个定义不严格的标签，可以把它贴在各国人民和民族身上，它反映了勒庞对人类学的无知，并不说明他有种族中心主义的坏心肠。

一本广为流传的书；对勒庞的时代和我们的时代一再表现出实际意义；绝对谈不上完全创新，严格说也不正确；与作者的任何求知行为相比，表现最佳时也只能算较好，最差时也不算很糟；字里行间与字面上有着同样多的意义；眼光时而偏狭时而放眼全球；既有预见又观念落后；在实践中有效利用着历史，又从原则上否认历史的真实性和有效性；从当时表现出人类行为共同特点的重要事件中概括出了一些这样的特点；还有一些并不影响其本质的乌七八糟的意识形态怪论——这就是勒庞的《乌合之众》，一本仍然值得一读的书。

1960 年 1 月于哥伦比亚大学

# 1963年版作者序

一个民族的灵魂，是由其中的所有个体因环境和遗传而拥有的共同特征的总和而构成的。

因为这些特征来源于祖先，因此，它们一直很稳定。但是，如果在不同的影响下，一定数量的人临时聚集在一起，那么，通过观察可以证明：在他们的祖先遗留下来的某些特征之外，又会发现一些新特征，偶尔也会和该种族的固有特征大相径庭。

它们的总和，构成了一种强大而又暂时的集体灵魂。

一直以来，群体在历史上都扮演着关键的角色，然而它的作用却从未像现在这样巨大。群体的无意识行为，代替了个体的有意识行为，成为当今时代的一大特点。[1]

---

① 本书第一版于1895年出版。自此之后，书中所描述的现象并没有多少改变；书中所阐述的思想，在当时看来极具悖逆。但在今天，则已成为经典。《群体心理学》（又译作《乌合之众》）已经被翻译成多国语言译本：英、德、俄、日、瑞典、西班牙、捷克、波兰、土耳其、阿拉伯等各种文字。

# 作者序

该书的目的，是致力于对社会群体的特征做一个说明。

遗传造就了每个种族中每个人以某些共同特征，这些特征合起来，即构成了这个种族的气质。只是当其中一部分人为了行动的目的聚集起来，成为一个群体时，仅仅从聚在一起这个事实，就可以观察到，除了原有的种族特征外，这个群体还展现出一些新的心理特征，很多时候与种族特征不相符。

历来在各民族生活中，有组织的群体都起着重要作用，但这种作用从来没有像现在这样显著过。群体无意识行为代替个体有意识行为，成为了目前这个时代的一个主要特征。

对于群体行为引起的困难问题，我用纯科学的方式进行了考察研究。也就是说，我试图建立起一种方法，不受各种观点、理论以及教条的影响。我深信，这是发现一些真理的唯一有效方法，当探讨的是受到关注却众说纷纭的问题时，尤其如此。那些努力弄清某种现象的科学家，对于自己的研究是否可能伤害到什么人的利益，是不会在意的。并不属于任何当代学派的杰出思想家阿尔维耶拉先生在他最近一部著作中说，他经常会发现自己的结论跟各种派别的相冲突。我希望我的这部新作也能如此。要知道一旦属于某个学派，你就很难避免先入为主以及存在偏见。

在这里我需要向读者们解释一下，为什么我会从自己的研究中得出一些让你初看很难接受的结论。比如，为什么我在指出，包括拥有一些杰出人士在内的团体的群体精神极度低劣后，还是断言，尽管低劣，但干涉这些团体仍然危险？

其中的原因就是，通过对历史事实的细致观察，毫无例外地证实，社会组织就像所有有机生命体一样复杂，我们还不具备强迫其在短时间内发生深刻变革的能力。大自然有时当然会采取一些激烈的手段，不过从来也不是我们的方式[①]，这表明，一个民族过于热衷重大变革，无论这种变革在理论上多正确、多出色，都是存在致命危险的。只有当它能即刻使民族气质发生变化，才能是有用的。可惜只有时间才拥有这样的能力。人们受到各种思想、情感以及习惯的控制——而这是人的本性使然。各种制度和法律，无不都是人的性格的外在表现，反映着人的需要。作为人的社会产物的制度与法律，是无法改变这种性格的。

研究社会现象，跟研究产生这些现象的民族是紧密相关的。

---

① 意指大革命的方式。法国大革命旨在摧毁旧社会。——译者注

很多时候从哲学的角度，这些现象似乎有着绝对的价值，而实际上它们的价值仅仅是相对的。

因此，对待一种社会现象，应该分清先后，从不同方面加以考量。如此就会发现，很多时候纯粹理性的道理总是与实践理性的道理相悖。这样的划分适用于包括科学对象在内的几乎全部对象。按照公理，一个立方体或者一个圆，是由相关公式确定了定义的不变的几何形状。但一旦从人的印象角度去看，这些原本规则的几何形状就会展现为不同的形状。通过透视，立方体会变成锥体或者方形，圆形会变成椭圆或者直线。而一般来说，分析这些多变虚幻的形状，总是比分析它们真正的形状显得更重要，原因是它们，也只有它们，才是我们看到并能用拍照或绘画来加以再现的形状。很多时候不真实比起真实蕴含着更多的真理。如果按照事物真实的几何形状来呈现它，很可能恰恰是在歪曲这个事物，使之变得难以辨别。不妨设想一下，假如全世界的人只会复制照搬，但无法接触到这些事物，人们是很难对事物外形形成正确看法的。同时，关于事物形状的知识若仅仅是某些专家才掌握，这些事物对人也就没有什么存在的意义。

那些研究社会现象的学者①应该记住，所有这些现象除了理论价值，还有实际价值，而只有后者才与文明的发展有关系，因此是更重要的。认识到了这个事实，在考虑一开始逻辑迫使接受的结论时，就会采取谨慎态度。

另外还有一个原因导致采取类似的保留态度。社会现象如此

① 勒庞对社会学家、女性等都有很强的偏见，他曾经设计过一个划分标准，把儿童、女人、野蛮人、动物、社会学家、群体归为“生命的低级进化形态”。——译者注

复杂，无法加以全方位掌握与预见这些现象之间相互影响造成的后果。同时，在看得见的事实背后，往往隐藏着无数看不见的事实。可见的社会现象有可能是某种庞大的无意识机制产生的，这种机制通常超出了人能分析的范畴。我们可以把我们感觉到了的现象比喻为波浪，而波浪不过是大海深处看不见的湍流的反映。群体的大多数行为，在精神层面表现为一种独特的低劣品性，但在另外的行为中，它似乎又是受着某种强大的神秘力量的控制，古人称之为命运、自然规律或天意，而我们会将其称为“幽灵的回声”。虽然我们无法了解它，却不能低估它的威力。一个民族的内心深处，仿佛有某种恒久的力量在支配着。我们可以拿语言为例，还有什么比语言更复杂、更有逻辑性、更神奇的？但正是这个令人赞叹高度组织化的事物，不恰好是来自群体无意识，而不可能来自别的吗？连那些最博学、最具威望的语言学家，所能做的也不过是找出支配语言的规律，而不可能去创造这种规律。谁也不能断言，那些伟大人物的思想就完全诞生于他们的大脑。是的，这些思想的确是由这些了不起的头脑创造的，但难道不正是群体的禀赋为之提供了无数沙粒，才形成这种思想生长的土壤吗？

毫无疑问，群体总是无意识的，但或许它巨大力量的来源，恰恰是隐藏在这种无意识中。在大自然中，受本能支配的生物做出某些动作，其精巧复杂让人叹为观止。理性不过是不久的过去人类才拥有的属性，并且并没有完美强大到能揭示无意识的规律的地步，要做到这点，尚需时日。比较起来，无意识对我们行为的影响作用，要远超过理性。无意识作为一种至今不为人知的力量起着作用。

假如你打算就待在一个狭小安全的界限内，利用科学技术获取知识，不去进入猜测与假想的领域，那我们需要做的只是注意观察接触到的各种现象，限制我们只是在对这些现象的思考上。当然从这种思考中得出的任何结论都不可能是成熟无误的，因为这些呈现给我们的现象，总是伴随着很多只能隐约看到的，而在背后，存在更多我们无法看到的现象。

# 导言：群体时代的到来

提要：目前这个时代的演变 / 文明的大变革是民族思想变化的结果 / 现代人对群体力量的信念 / 它改变了欧洲各国的传统政策 / 民众的崛起是怎样发生的，发挥的威力方式 / 群体力量的必然后果 / 除了破坏，群体力量起不到别的作用 / 衰老文明的解体是群体效应的结果 / 对群体心理学的普遍无知 / 立法者以及政治家研究群体的必要性

文明变革前出现的大动荡，如罗马帝国衰亡以及阿拉伯帝国的建立，初看似乎是某些政治原因、外敌入侵导致的王朝倾覆。不过做些更加深入细致的研究后，就不难发现在这些表面因素下，存在着普遍的人民思想所发生巨大深刻变化的现象。真正历史所发生的大动荡，往往并非是那些让人惊心动魄的宏大事件。导致文明翻

天覆地的唯一重要因素，是来自人民思想、观念与信仰的内在改变。而那些引起注意的重大历史事件，只是人类思想悄然无声变化的可见结果。这样的重大事件之所以少见，那是因为人类的传统性导致人类思维结构特有的稳定造成的。

当前这个时代，正是人类社会思想转型过程的关键时期之一。

这种转型有两个基本原因。首先是宗教、政治以及社会信仰的毁坏，要知道我们的文明正是植根于这些信仰里的。另一个是现代科学和工业带来的种种发现，诞生了一个全新的社会生存与思维环境。

尽管旧观念残缺不全，却依然顽强并拥有强大的力量，而用来取代这种传统的观念还在行程中，当下时代处于一个混乱的过渡状态下。

这样一个混乱的时代最终会演变成什么样，目前很难断言。这之后，我们的社会将会建立在怎样的观念之上？不得而知。但能清楚的是，未来社会无论是根据什么样的模式组织建立起来，都必须要考虑到一种全新的力量、一股无法忽视最终会延续下去的强大力量，那就是群体力量。在那些曾经被视为理所当然、如今已经衰亡或正在衰亡的诸多观念之上，这股新兴起唯一可以取而代之的力量，看来注定要在不久的将来与其他力量结合到一起。当我们悠久的信仰崩坏之时，当古老社会之支柱一根根倾倒后，群体的势力势必会成为无可匹敌、声势浩大的力量。我们即将进入的这个时代，就是一个真正的群体时代。

仅仅在一个世纪前，欧洲各国间的传统政策和君主们的对抗[1]还是各种事变的主要因素。民意是可有可无的。而如今，反倒是那些得到认可的传统、统治者的个人倾向以及他们间的对抗，再也不起作用，民众的声音越来越响亮。正是这个声音在向君主们传递群众的需要，使得这些传统的统治者不得不注意回应这个声音所表达的诉求。目前，造就民族未来命运的地方，是在群众的内心，不再是在君主们的国务会议上。

民众各个阶层都已开始进入到政治生活中，现实说，就是民众日益成为一个统治阶层，这是目前这个过渡时期最显著的特征。普选权的实施在很长一段时间后没造成多少影响，因此并不像人们想象的那样，是这种政治权力转移过程中明显的特征。群众势力之所以能够开始不断壮大，首先是因为某些新观念的传播，逐渐在民众的头脑里生根发芽，单独的个体逐渐结成团，去力图实现一些理论和观念。正是这种结社，让群众开始掌握一些与他们利益攸关的观念——即使是这样的利益并不一定正当，却给出鲜明的界限——并终于意识到了自己具有的力量。群众现在成立了各种联合会，让一个个传统的政治权力俯首。群众通过成立工会组织，开始不顾经济规律，试图支配劳动力与收入分配。他们进入到了支配政府的议会里，而议员们则非常缺乏主动性和独立性，几乎堕落成了那些选举他们的委员会的传声筒。

今天，群众的要求越来越明确，貌似一定要把这个社会完全摧毁似的，而他们的观点跟原始共产主义之间有着千丝万缕的联

① 比如“百年战争”，即英国和法国，以及后来加入的勃艮第，于1337年—1453年间发生在金雀花王朝治下的英格兰王国和瓦卢瓦王朝治下的法兰西王国之间，针对法国统治权的战争。是世界最长的战争，断断续续进行了长达116年。——译者注

系，而不顾这种共产主义只在人类文明露出曙光前，才属于人类社会的正常状态。限制工作时间，把矿山、铁路、工厂以及土地国有化，平均分配产品，为了广大群众利益消灭上层阶级等等——这就是这些要求的内容。

群众缺乏推理能力，却急于行动。他们组织起来后获得了巨大的力量。那些促使这类组织产生的教条，实际上也会很快和旧教条一样具有威力，也就是说，拥有不容讨论的专横。群众神权即将取代国王的神权。

一些跟中产阶级关系紧密的作家们的表现，非常鲜明地体现了这个阶级那些比较狭隘、故步自封的思想观念以及肤浅的怀疑主义，显得过分自私。他们因为看到这种新势力的壮大而惊慌失措。为了对抗人们混乱发热的头脑，他们开始朝那些过去被他们唾弃的教会道德势力发出绝望的呼吁。他们谈论科学的破产，心怀忏悔地转向罗马教廷[①]，用启示性真理告诫我们。但他们这些新的皈依者不知道为时已晚。即使是真能打动了神，也不可能对人们的头脑带来什么影响，因为群众早已不再关心这些新的皈依者关注的事情。如今的群众已经离弃了那些曾经劝说他们相信的人自己早就离弃，并用自己的行为加以毁灭了的诸神。无论是什么力量，是神还是人，都无法让河流回到它的源头。

但科学没有破产，科学从来就没有陷入目前这样的精神的无政府状态里，从这种无政府状态中诞生的新势力也与科学无关。科学许诺给我们的是真理，至少是我们的智力足以掌握的相关知

① 罗马教廷，从古代罗马主教府发展而来，最初无固定机构。1588 年教皇西克斯图五世设立教廷各部门，罗马教廷始告形成。它是天主教会的中央行政机构，协助教皇处理整个教会的事务。——译者注

识，而从来就没有许诺过我们幸福与和谐。我们能做的是与科学一起生活，因为没有谁能恢复被它摧毁的幻觉。

在所有国家都能看到各种各样的信号，向我们证明群体势力的迅速壮大，根本不在乎你是否认为它会很快就停止增长的这种一厢情愿的想法。无论会有什么样的结果，我们都不得不接受这种新的势力。任何企图反对它的努力都是纸上谈兵，徒劳无益的。群众势力的出现，很可能标志着西方文明最后阶段的到来，有可能导致倒退到无政府的混乱中去，而这也是每一个新社会诞生的前奏。问题是，我们能阻止这种结果吗？

人类社会有史以来，群众一直以来最为明确的任务就是彻底将一个破败的文明加以摧毁。当然，这并不只有今天才能够找到的迹象。历史告诉我们，当文明赖以建立健全的道德要素丧失了权威，这个文明的最终解体，总是由那些无意识的野蛮群体来完成的，因此他们也被不无道理地称之为“野蛮人”。创造与领导文明的，从来就是少数知识贵族而非群体。群体拥有的只是巨大的破坏力。这种破坏力的趋向总是回到野蛮阶段。拥有复杂缜密的典章制度，从依靠本能进入依靠理性做出规划的文明，属于人类文化的高级阶段。历史上群众无一例外地证明了——靠他们，文明是不可能实现的。由于群众力量具有纯粹的破坏性，因此这种力量的主要作用很像是加速死亡以及尸体消解的细菌。每当一个文明摇摇欲坠了，促使它崩塌的总是群众。只有此时，群众的使命才是明确的，这样的时刻，人数的多寡成为了唯一的历史法则。

我们的文明是否也蕴含着类似的命运？这样的担心并非毫无依据，只是我们还处在无法给出答案的位置上。

无论情况如何，我们都注定了要屈从于群体力量，这主要是因为群体的目光过于短浅，从而把所有可能阻碍它、迫使其遵守规则的障碍全都一一清除。

关于正在成为热门话题的群体，我们知之甚少。专业心理研究者的生活和它们相距甚远，并且对其视而不见，因此当这些学者注意到群体时，却认为值得研究的仅仅是犯罪群体。犯罪群体的存在毋庸置疑，但还有忘我英勇以及别的各种各样的群体。群体犯罪只是其中一个特殊的心理现象。无法通过单单对犯罪群体的研究来了解群体的精神构成，就如同不能通过对个人犯罪的描述来了解个人一样。

然而，如果我们站在事实的角度来看，世上的任何一个伟人，所有宗教与帝国的缔造者，那些信仰的使徒以及杰出的政治家，甚至说得再简单点，一个团伙的小头目，他们都是不自觉的心理学家，他们对于群体的性格有着本能却十分可靠的了解，正是靠着这种了解，他们才能很容易地确立自己的领导地位。拿破仑就是对自己国家的群众有着不同寻常的洞察力，但很多时候却对别的种族的群体心理完全缺乏了解[①]。这种无知正是导致他入侵西班

① 对于拿破仑的这种心理就连他最聪明的顾问塔列朗（法国著名政治家和外交家，拿破仑时代担任过宫廷侍卫长和外交大臣等职。——译者注）也不是很了解。在他写给拿破仑的一封信中这样说到：“西班牙人会把您的军队视为解放者”。可事实却是，西班牙人却把拿破仑的士兵当作野兽来对待。而这种结果是所有熟悉西班牙人先天本能的心理学家都非常容易就能够预见到的。

牙[①]，尤其是远征俄罗斯[②]，最终陷自己于失败境地的主要原因。如今，对于那些害怕继续统治群体（这正变得十分困难），只求不要过于受群体支配的政治家，群益心理学知识成为了最后的资源。

稍微对群体心理有所了解，就能知道法律和制度的作用对群体而言基本不值一提，才能深刻理解为什么他们多么无能坚持己见，而只能一味地接受别人强加于他们的意见。因此，想要领导他们，不能依靠所谓的平等原则，而是要靠寻找到能让他们动心，能对他们产生诱惑的东西。举例说，一个想要实行新税制的立法者，是否应该选择理论上最公正的方式呢？

他根本不会这样做。实际上在群众眼里，最不公正才是最好的。只有那些既不是很清晰明了，造成的负担又最小的方法，才是最容易被接受容忍的。看看间接税就知道了，无论多高，总是能被群体所接受，原因不外是每天的日常开支只需要支付很少一点税金，完全不用担心对群体造成心理伤害，因此，间接税的征收也就可以在不知不觉中进行。但是，要是换成用工资或其他收入的比例税代替的话，就要一次性付出一大笔钱，此时，即使这种税制在理论上比别的税制带来的总体负担少十分之九，仍旧会

① 1807 年末，西班牙国内爆发内乱，拿破仑趁机派军入侵西班牙，并指定他的长兄为西班牙国王。此举遭到了西班牙人的强烈反抗，各地暴乱频发。之后，英国介入，在占领了整个葡萄牙后，把法军赶出了西班牙。自此，法军陷入东、西两线作战的困境（东线是反法同盟，西线指包括葡萄牙、西班牙在内的伊利比亚斗岛战争）。1809 年 5 月 13 日，拿破仑亲率法军在东线作战，法军战败。这是拿破仑亲自统兵以来打的第一次败仗。——译者注

② 尽管西班牙战败了，但拿破仑仍一心想要称霸整个欧洲。此时的俄国成为了他的心头大患，因为只有打败俄国，才能进一步迫使英国臣服。但拿破仑显然缺乏攻打俄国的周详考虑，1812 年 5 月，拿破仑率领近 60 万大军东征俄国，却以惨败告终，最后只有 3 万人的法军得以返回家园。法兰西第一帝国由此元气大伤。——译者注

引起无数的抗议。人们更倾向于接受间接税的主要原因在于，一次性数目过大，看起来很多，因此也比较刺激了人们的想象力。一点点零星支付，税金才不会显得太重。这样的经济手段需要一定的远见，而这是群众所无法做到的。

这是一个最简单的例子。从中人们容易理解它的适用性。但它没逃过拿破仑这位心理学家的眼睛。可我们现在的立法者们对群体的特点懵懂无知，基本没有能力理解这点。经验至今没能让他们充分认识到，人从来也不是根据纯粹理性采取行动的。

实际上，除了这方面以外，群体心理学还有着很多其他实际的效用。只要我们掌握了这门科学，就能对历史与经济现象做出最为真实和准确的说明，否则一旦离开了这门学问，这些历史和经济现象就会变得完全不可思议。我会证明，即使是杰出的现代史学家丹纳①，对法国大革命中出现的那些事件的理解也是很片面的，之所以如此，就是因为他没有仔细去研究过群体的特性。在研究法国大革命所处的那个纷繁复杂的时代，他以自然科学家采用的描述方法来指导自己，但是在研究历史事件中所必须考虑的道德因素在自然科学家所研究的现象中却是几乎不存在的。然而，正是这些因素，构成了历史的真正主脉。

由此可见，仅仅从实践角度来看，群体心理学就很值得研究。哪怕纯粹是出于好奇心，也值得我们对它加以关注。破译人们行为的动机，就如同确定某种矿物与植物的属性一样充满了乐趣。

---

① 丹纳（1828—1893）：19世纪法国杰出思想家、史学家，哲学家、历史学家之一。普法战争后对法国社会和政治制度做过深刻反省，他的《当代法国的起源》以大量的笔墨研究法国大革命，对本书作者勒庞的影响很大。。主要著作有《论知识》《艺术哲学》《当代法国的起源》《旧制度》等。——译者注

对群体禀性的研究，我们所做的只能算是一种概括，算是对我们研究的一个简单总结。这里除了提出一些建议性的观点外，不要对它有过多的奢望。自然有其他人会为这门科学打下更坚实的基础。今天，我们在这里所触及的，只不过是一片尚未开垦的处女地的表层而已。[①]

在我的诸多著作中，特别是《社会主义心理学》，从其中可以看到一些对群体心理起作用的法则造成的一些后果。这些完全可以被应用于各种主题的研究。布鲁塞尔皇家音乐学院的院长格瓦埃尔特先生称之为“群体音乐”的观点，就是根据我提出的法则，进一步运用到音乐之中而提出的。格瓦埃尔特先生将他的论文寄给我，并且说：“通过阅读您的两部著作，使我解决了困扰了我多年的难题，只要音乐的演奏足够优秀，指挥的人充满激情，那么，群体就非常愿意接受一部音乐作品。不管是现在还是过去，本国的还是国外的，繁杂的还是简捷的。”为什么“有时，某些资深的音乐家，一个人在乐室里阅读乐谱，却怎么也理解不了作品。而有时，反而是在大庭广众之下，同样的音乐一下子就被那些从来就没有经过音乐技巧培训的民众所理解。”格瓦埃尔特先生就证明了这一点。他同样很好地诠释了：美学感悟为何不会遗留下任何痕迹。

① 但正如我们前面所述，有部分作者研究了群体的心理，但他们仅从犯罪的角度去考察。针对这个，我写过一篇简短的文章，所以，建议读者可以适当的关注塔尔德先生的研究，以及西格赫勒先生的一本著书《犯罪的群体》。在这本书中，作者虽然没有阐述任何观点，却收集了非常多的珍贵的事实材料，对心理学家的研究有极大的帮忙。此外，在对群体的犯罪行为和道德品行的观点上，我与塔尔德、塔尔德两位的观点大相径庭。

# 第一卷

# 群体心理

## 第 1 章 群体的一般特征

提要：从心理学角度看群体的构成 / 大量的个人聚集在一起并不足以构成一个群体 / 群体心理的特征 / 群体中个人固有的思想情感发生的变化以及他们个性的消失 / 群体总是受着无意识因素的支配，大脑活动的消失和脊髓活动的得失，智力的下降和情感的彻底变化 / 这种变化了的情感，既可以比形成群体的个人的情感更好，也可以比它更糟 / 群体既易于英勇无畏也易于犯罪。

一般意义上，“群体”这个概念指的是个人聚集到一起，不管民族、职业或性别属性如何，也不管是什么原因导致了他们到一起。但从心理学角度，“群体”却有着完全不同的含义以及重要性。某些既定条件下，并且只有在这些条件下，一群人会表现出某种新特点，这种新特点完全不同于组成这一群体的那些个人的特点。人聚集成群后，他们的情感和思想就会转到同一个方向，他们独立个性的自主性消失，只剩下一种集体心理。这种集体心理无疑是暂时的，却表现出了一些鲜明特点。这些聚集成群的人进入一种状态，因为没有更好的说法，我姑且把它称为一个“组织化群体”，或换个也许更为可取的说法——“心理学意义上的群体”。这一群体受群体精神统一规律的支配，从而形成一种独特的存在方式。

众所周知，当一些人发现他们随机会聚在一起时[①]，仅仅只是这个事实，并不能使他们获得一个组织化群体的特点。在某公共场所就算有上千人偶然聚集在一起，如果没有任何明确、统一的目标，那么从心理学的角度来讲，这也根本不算是一个群体。只有在某些前提条件起作用的情况下，让这一群聚集在一起的个人具备了群体的特征，我们才能称其为“群体”，因此我们必须对他们的性质加以确定。

每个人自觉的个性的消失，情感和思想转向一个完全不同的对象，是即将成为组织化群体的人们的主要症候，但这不一定总是需要一些个人同时出现在一个地点。很多时候，在某种激烈的情绪下，比如遇到某件国家重大事件时，无数原本互不相关的个人也会表现出心理群体的症候来。在这种情况下，一个偶然因素就足以使他们闻风而动聚集起来，立刻形成群体行为特有的属性。很多时候，五六个人就能构成一个心理学的群体，而几千人偶然

① 比如火车站、商场购物中心或大学城周边等，这种人群可称之为“人流”，因为没有任何凝聚力，所以人流并不是群体。——译者注

聚在一起却不会发生这种现象。另外，虽然很难看到整个民族聚集起来，但在某些因素影响下，民族也会形成一个拥有共同方向与对象的群体。

心理群体一旦形成，就会获得一些暂时性但鲜明的普遍性特征。除了这些普遍性特征外，还会有一些附带特征，其具体表现因组成群体的人不同而不同，并且它的精神结构也会不同。因此，对心理群体进行分类并不难。我们深入研究就会发现，一个异质性群体（即由不同成分组成的群体）会表现出一些与同质性群体（即具有大体相同的要素，如宗派、等级或阶层等）相同的特征，除了这些共同特征外，一些各自具有的特点，使这两类群体有所区别。

在我们深入研究两种不同类型的群体之前，必须先考察一下这两种不同类型的群体具有的共同特点。我们将采用自然科学家通常采用的方法，先描述一个族系全体成员所具备的共同特点，然后再着手研究该族系内部不同种类各自具有不同的特点。

群体心理不易做精确描述，因为它的构成不仅有种族和方式的不同，还因为所受刺激因素的性质与强度不同而有所区别。不过，个体心理学的研究也会遇到同样的困难。那种一个人性格一生保持不变的事情，只在小说里才可能发生。只有单一性的环境，才能造成单一性的性格。我曾在其他著作中指出，所有精神结构都包含了各种不同性格存在的可能性，环境的突变会使这种可能性表现出来。这足以用来解释，为何法国国民公会[1]中最野蛮的

① 国民公会：是法国大革命时期的最高立法机构，在法兰西第一共和国的初期拥有行政权和立法权。1792年8月10日，巴黎起义军占领杜伊勒里宫，立法议会宣布废黜法国国王路易十六，在普选基础上成立国民公会。1792年9月21日，国民公会开幕，当选议员749名。——译者注

成员原本都是文雅谦和的公民。在正常环境下，他们是平和的公证人，是善良的官员。并且一旦动乱结束了，他们就又恢复了原本的样子，成为安静守法的公民。拿破仑正是在他们中间为自己找到了最顺服的臣民。

这里不可能对群体组织程度的强弱不同做全面研究，我们只关注那些达到完全组织化阶段的群体。这样我们能看到群体变化的过程以及可能性，而不是它一成不变的样子。只有在高度组织化阶段，一个种族一般来说不变的主要特征，才会被赋予某些新特点。这时，集体的全部情感和思想中所展现的变化，会朝向一个明确的统一方向发展。只有在这种情况下，我前面指出的群体精神统一律的心理学规律才开始发生效果。

在群体的心理特征中，有一些特征与孤立的个人所表现出来的特征是相同的，但有一些则完全为群体所特有，只能在群体中见到。我们首先研究的是这些群体特有的特征，力图揭示它们的重要性。

作为一个心理群体，它所表现出的一些惊人特点是：构成这个群体的个人不管是谁，也不论他们的生活方式、职业、性格或智力有多大差异，当成为一个群体后，就会形成一种共同的集体心理，他们的情感、思想和行为就会变得完全不同于他们作为个体时拥有的情感、思想和行为。正是因为这样一个群体的形成，才使得这些千差万别的个体有了那些原本不可能有的信念与情感或付诸行动。因此，心理群体是一个由异质成分形成的暂时现象，当这些不同的异质成分结合在一起时，就像因为不一样的结合后构成一种新生命体的细胞一样，表现出一些完全不同的特点，这种特点与单个细胞所具有的特点大相径庭。

与机智的哲学家赫伯特·斯宾塞[1]的观点相反，在形成群体的人群中，并不存在构成因素的总和或这些因素的平均值。而这个群体实际表现出来的，是因为一些新特点的出现而形成的一种组合，就像某些化学元素，——比如酸碱——反应后形成一种新物质一样，所具有的特性完全不同于形成它的那些物质。

构成群体的个人不同于独立的个人，想证明这一点并不难，然而找出这种不同的原因却不容易。

想要尽可能地找出其中的原因，首先要牢记现代心理学已经确认的一个真理，即无意识现象不但在有机体的生活中，同时也在智力活动中，发挥着一种压倒性的作用。与无意识因素相比，精神生活中有意识因素只起很小作用。最细心的分析家和最敏锐的观察家，充其量也只能找出一点支配行为的无意识动机。我们的有意识行为，主要是遗传影响下形成的无意识深层心理结构的产物。这个深层结构中包含着世代相传的无数共同特征，它们构成了种族先天的禀性。在我们的行为那些可以被说明的原因下，隐藏着更多我们没有说明的原因，而且在这些原因背后，还有许多我们一无所知的神秘原因。我们的大多数日常行为，都是一些我们难以察觉的神秘动因导致的结果。

一个种族的先天禀性由无意识构成，该种族的个人成员之间有着明确的相似性，而构成个体成员间不同的，则主要是性格中有意识的因素——例如教育的结果，但更多的是独特的遗传条件

① 赫伯特·斯宾塞（1820—1930）：英国哲学家、社会学家、教育家，是理论社会学的创始人之一。被称为“社会达尔文主义之父”。倡导综合哲学、普遍进化论和社会有机体论，认为人类社会与国家是一个生物有机体。所提出一套的学说把进化理论适者生存应用在社会学上尤其是教育及阶级斗争，是在理论上阐述进化论的英国哲学家先驱。——译者注

导致的。人在智力上差异最大，但他们却有相似的本能和情感。在属于情感领域的宗教、政治、道德、爱憎等等上，最杰出的人不见得比凡夫俗子更高明。智力上，一个伟大的数学家和一个鞋匠之间可能有天壤之别，但从性格角度看，他们的差别微乎其微，甚至毫无差别。

这些普遍的性格特征，受着我们的无意识因素的支配，一个种族中的大多数普通人在同等程度上具备这些特征。我认为，正是这些特征构成了群体的共性。在集体心理中，个人的才智被削弱，从而直接导致他们所具有的个性也被削弱了。也就是说，异质性被同质性吞没了，最终导致无意识的品质占了上风。

群体通常只具有很普通的品质，这就解释了它为何无法完成需要高智力的工作。涉及普遍利益决定的时候，一般都是由那些所谓的杰出人士组成的议会来做出的。但是，这一群人做出的决定并不会比各行各业的专家做出的决定更高明。实际上，他们通常只能用普通个人具有的平庸才智处理手头的工作。群体中累加在一起的只有愚蠢而不是智慧。如果“整个世界”指的是群体，那就根本不可能比伏尔泰[①] 聪明，倒不妨说伏尔泰比整个世界更聪明。

那么群体反而会如此平庸的原因又是什么呢？很明显，那是因为群体中的个人仅仅把他们的普通品质给集中在了一起并为之共同分享。如此一来，就只会带来平庸，而不会像我们曾经所认

① 伏尔泰（1694—1778）：法国启蒙思想家、文学家、哲学家。伏尔泰是十八世纪法国资产阶级启蒙运动的泰斗，被誉为“法兰西思想之王”、“法兰西最优秀的诗人”、“欧洲的良心”。主张开明的君主政治，强调自由和平等。代表作《哲学通信》《路易十四时代》《老实人》等。——译者注

为的创造出新的特点。既然如此，这些新特点是如何形成的呢？这正是我们将要研究的问题。

我们研究发现，有些不同的原因对那些群体独有的而作为个人并不具备的特点，常常能够起决定性的作用。首先，我们仅从数量上考虑，处于群体中的个人也常常会感觉到自己具有一种不可阻挡的力量，这就使得他敢于发泄自身本能的欲望，而在独自一人时，他必须克制这些欲望。在群体中，个体很难约束自己不产生这样的念头：群体是个无名氏，因此也不必承担任何责任。这样一来，个人责任感的约束也就彻底消失。

传染现象是第二个原因，对群体特点也起着决定性作用，同时对它所接受的倾向也起决定性作用。传染性的存在虽然很容易确定，但要解释清楚很难。这种传染性有点像催眠[①]，接下来我们就对此做简单的研究。在群体中，每种情感和行为都具有传染性，其严重程度足以让群体中每个人随时都准备为集体利益牺牲个人利益。这种倾向和他的天性极为对立，如果不是成为群体的一员，个体很少会具备这样的能力。

第三个决定着群体特点的原因是易于接受暗示的表现，它也是所有原因中最重要的一个，它不仅同孤立的个人所表现出的特点完全不同，而且它正是上面所说的相互传染性所带来的结果。

理解这种现象，必须记住最近一些心理学上的发现。这些发

---

① 催眠：指催眠师向被催眠者提供暗示，以唤醒他的某些特殊经历和特定行为。在催眠状态下，一个人可能经历“在感知、思维、记忆和行为上的一些改变”，包括暂时的麻痹、幻觉和忘记“对催眠术医师的暗示做出反应”。催眠实质上是一种人为的，介于觉醒与睡眠之间的心理状态，催眠者的暗示诱导使被催眠意识处于积极而活跃的状态，使潜意识中的大量信息被重新组合，提取并与催眠者的意识发生连通产生的反应。——译者注

现告诉我们，通过不同方式，个人可以被带入到丧失自主意识状态，他会对暗示者表现出绝对的服从，做出一些同他的性格和习惯极为矛盾的举动。细致的观察似乎已证实，长时间融入群体行动的个人，不久就会发现他或是因为群体催眠影响的作用，或是由于一些我们无从知道的原因，进入一种特殊状态，类似被催眠的人在催眠师操纵下的迷幻状态。被催眠者的大脑活动被麻痹了，变成了自己脊椎神经中受催眠师随意支配的无意识的奴隶。有意识的自主人格消失，意志和辨别力也不复存在。情感和思想都受催眠师的驱使。

心理群体中个人也处在这种状态下。他不再拥有对自己行为的控制意志。就像受到催眠的人一样，他的意识被屏蔽起来，对自己一部分能力的控制力消失，但与此同时，另一些能力却可能被强化。在某种暗示下，他会因难以抗拒的冲动采取某种行动。群体中的这种冲动，比被催眠者的冲动更难以抗拒，这是因为暗示对群体中的所有个人有着同样作用，这会形成相互影响下的群体巨大的力量。在群体中，具备强大的个性、能抵制那种暗示的个人寥寥无几，不足以造成影响。这种巨大的群体力量只能因不同的暗示而改弦易辙。例如，有时一句悦耳的言辞或一个被及时唤醒的形象，便可以阻止群体发生最血腥的暴行。

现在我们清楚地知道了，个体思想和情感受暗示和相互传染影响转向一个共同方向，自主人格消失，无意识人格占据主导，以及立刻把暗示的观念转化为行动的倾向，是构成群体的个体所表现出的主要特征。此时的他不再是他自己，他变成了一个不受自己意志支配的玩偶。

由此可见，仅仅是成为有机群体的成员，就能使个体在文明阶梯上倒退好几步。独立的他可能是个有教养的人，但在群体中他却变成一个行为受本能支配的野蛮人，甚至一个动物。他显得身不由己，残暴狂热，也表现出只有原始人才有的热情和英雄主义，和原始人更为相似的是，他甘心让自己被各种言辞和形象所打动，而在独立存在时，这些言辞和形象根本不会影响到他。他会情不自禁地做出违背他最显而易见的利益和习惯的举动。一个群体中的个人，不过是浩瀚大漠中的一粒沙，总是身不由己地任凭狂风摆布。

正是这种因素，导致陪审团做出陪审员作为个体时不会赞成的判决，议会颁布每个议员作为个人时都不可能同意的法律和措施。法国大革命时期的国民公会的委员们，每个人作为个体时都是温文尔雅的开明公民，但当成为群体一员时，却不假思索地听命于最野蛮的提议，把完全清白无辜的人送上断头台，并且他们还会不顾自己的利益，放弃自己不可侵犯的权利，对自己人也滥杀无辜。①

作为群体中的个体不但在行动上和孤立的个体有着本质的差别，当他在群体中还没有完全丧失独立性前，他的思想和情感就已发生变化。这种变化的深刻程度，可以让一个守财奴变得挥霍无度，让怀疑论者变成信徒，老实人变成罪犯，懦夫变成英雄。

---

① 法国公会议员本来有刑事豁免权，不会因为言论不当而被杀，但法国公会投票放弃了它，为雅各宾派领袖罗伯斯庇尔及后来者大规模屠杀公会成员埋下了伏笔。——译者注

在1789年8月4日[①] 那个值得纪念的晚上，法国的贵族一时激情澎湃，毅然投票放弃了自己的特权，如果让他们各自独立思考再做出决定，我想绝对没有一个人会同意。

从以上所述可以得出这样的结论，那就是群体的智力总是低于独立的个体，但从情绪以及激发的行动角度看，在不同环境下，群体的表现可以比个人表现更好或更差。这里群体所受暗示的性质起着决定作用。这就是那个只从犯罪角度研究群体的作家完全没有理解的要点。群体固然经常是犯罪群体，也常常是英雄主义的群体。正是群体而不是独立的个体，会不顾一切地慷慨赴难，为一种教义或观念的凯旋提供保证；会在赢得荣誉的热情驱使下赴汤蹈火；会导致像十字军[②] 那种在几乎全无粮草和装备的情况下，向异教徒讨还基督墓地的行为，或像1793年那样捍卫自己

① 1789年8月4日，法国在这一天废除了封建制。当天晚上，制宪会议为封建权利的留存讨论了一个通宵，史称“8月4日之夜”。针对农民问题，在会议中，部分特权等级人士宣布放弃自己的权利。根据当晚提出的各项动议，制宪会议陆续通过了一系列废除封建权利的法令，总称《八月法令》。——译者注

② 1096年—1291年，欧洲的天主教国家总共发动了九次宗教军事行动，史称“十字军东征”。十字军东征（1096—1291年），是一系列在罗马天主教教皇乌尔班二世发动的、持续近200年的、有名的宗教性军事行动，由西欧的封建领主和骑士以收复被阿拉伯、突厥等穆斯林入侵占领的土地的名义对地中海东岸国家发动的战争，前后共计九次。十字架是基督教的象征，因此每个参加出征的人胸前和臂上都佩戴“十”字标记，故称“十字军”。——译者注

的祖国[①]。这种英雄主义毫无疑问有着无意识的成分，然而正是这种英雄主义创造了历史。如果人民只会以冷酷无情的方式行动，世界史上便不会留下他们多少记录。

① 1793 年 1 月，企图复辟的路易十六被处决。欧洲各国君主惊恐万状，英、奥、普、西班牙、荷兰、萨丁等国组成反法同盟。法国保皇派也发动大规模的叛乱，反法同盟再次进攻法国，法军节节败退。6 月 2 日，雅各宾派发动政变上台，采取全民皆兵等一系列激进措施迅速组建起了庞大的军队。对内迅速镇压了叛军，对外接连击败英国 - 汉诺威联军、奥地利军队和荷兰军队，接着普鲁士、西班牙等国相继退出战争。——译者注

## 第2章 群体的情感和道德观

提要：（1）群体的冲动、易变和急躁。所有刺激因素都对群体都有支配作用，并且它的反应会不停发生变化 / 群体不会深思熟虑 / 种族的影响。（2）群体易受暗示和轻信。群体受暗示的左右 / 它把头脑中产生的幻觉当作现实 / 为何这些幻觉对组成群体的所有个人都是一样的 / 群体中有教养的人和无知的人没有区别 / 群体中的个人受幻觉支配的实例 / 史学著作的价值微乎其微。（3）群体情绪的夸张与单纯。群体不允许怀疑和不确定 / 它们的情感总是走极端。（4）群体的偏执、专横和保守。这些情感的缘由 / 群体面对强权卑躬屈膝 / 一时的革命本能不妨碍他们极端保守 / 对变化和进步的本能敌视。（5）群体的道德。群体的道德可以比个人高尚或低劣 / 解释与实例 / 群体很少被利益的考虑所左右 / 群体的道德净化作用。

在概括说明群体的主要特点后，我们还需要研究这些特点的细节。

群体的如冲动、急躁、缺乏理性、没有判断力和批判精神、夸大情感等等特征，几乎总可以在进化程度出于较为低等级的生命上看到，例如妇女、野蛮人和儿童。不过这一点我只是顺便说说，对它的论证不属于本书范围。并且，这对熟悉原始人心理的人没什么用处，也很难让对此事一无所知的人相信。

现在，我就根据次序讨论大多数群体中都能看到的不同特点。

### （1）群体的冲动、易变和急躁

在研究群体基本特点时我们说过，无意识动机对它起着绝对的支配作用。因为它的行为主要不是受大脑[①]，而是受脊椎神经的影响。在这个方面，群体与原始人非常相似。就表现而言，群体的行动可以十分完美，然而并不受大脑的支配，群体中的个人是按照他所受刺激因素来决定自己行为的。所有刺激因素都对群体有控制作用，并且它的反应会不停变化。群体是刺激因素的奴隶。独立的个人像群体中的个人一样，也受刺激因素影响，但他的意识会向他表明，受冲动的摆布是不足取的，他会约束自己。用心理学语言表述如下：独立的个人具有主宰自己行为的能力，群体则缺乏这种能力。

让群体所服从的各种冲动可以是豪爽或残忍、勇猛或懦弱，但总是极为强烈，因此个人利益，甚至生存权[②]也难支配它们。刺激的因素多种多样，群体总是屈从于这些刺激，因此也极为多变。这解释了为什么它可以在转眼间就从血腥的狂热变成极端的宽宏大量和英雄主义。群体很容易做出刽子手的行动，同样也很容易慷慨就义。正是群体，为每一种信仰的胜利而不惜血流成河。若想了解群体在这方面能干出什么事，不必回顾英雄主义的时代。他们在起义中从不吝惜自己的生命，就在不久以前，一位突然名

---

① 大脑和身体是通过脊髓连接的。不受大脑影响而直接受脊髓影响，指不经过大脑思考而直接行动，类似“做事不过脑子”。——译者注

② 生存权，即自我保存权。——译者注

声大噪的将军[1]，可以轻而易举地找到上万人，只要他一声令下，他们就会为他的事业牺牲性命。

不要指望群体会做任何预先策划。他们可以先后被最矛盾的情感所激发，又总是受眼前刺激因素的影响。他们像被风暴卷起的树叶，朝着每个方向飞舞，然后落在地上。在下面我们研究革命群体时，会举出一些他们情感多变的事例来证明这些特点。

群体易变性使他们难以进行统治，当公共权力落到他们手里时尤其如此。一旦日常生活中各种必要的事情不再对生活构成看不见的压制，民主就基本不可能持续。此外，群体虽然有着各种狂乱愿望，他们却很少能坚持。群体没有能力做任何长远的思考与规划。

除了冲动多变，群体还像野蛮人一样，看不见也不愿承受，出现在自己的愿望和这种愿望的实现间的任何障碍，它没有能力理解这种障碍的存在，因为数量上的强大使其错以为自己势不可挡。与此同时，群体中的个人的不可能概念也会消失。个人在独立时很清楚，孤身一人他无法焚烧宫殿或洗劫商店，即使受到最强烈诱惑也做不到，他能很容易抵制这种诱惑。但在成为群体一员后，他就受到人数赋予他的力量的驱使，这样的驱使足以让他生出杀人劫掠的冲动，并且会立刻屈从于这种诱惑。任何可能出现的障碍都会被摧毁。人类机体的确能产生大量狂热的激情，因此可以说，愿望受阻的群体所形成的正常状态，也就是这种激愤状态。

种族的基本特点是我们产生一切情感的不变来源，也总是会

---

① 指布朗热将军。——译者注

对群体的急躁、冲动和多变产生影响，正像它会影响到我们所研究的一切大众情感一样。群体无疑总是急躁而冲动的，但程度大不相同。例如拉丁民族的群体和英国人的群体就有显著差别[①]。法国现代史上发生的事件能让我们清楚的了解这一点。二十五年前，仅仅是一份据说某位大使受到侮辱的电报被公之于众，就触犯众怒，立刻引发了一场可怕的战争[②]。几年后，一封告知发生在谅山的无足轻重的一场败仗的电文，再次激发人们的怒火，并导致政府立刻垮台[③]。同时，英国在远征喀土穆[④]时遭受的严重失败，却只在英国引起轻微的波动，甚至相关大臣的职位都未因此受影响。任何地方的群体都有些女人气，拉丁族裔的群体女人气尤为严重，凡是赢得他们信赖的人，命运会立刻大变。但这等于身处塔尔皮亚[⑤]岩石旁，说不定那一天就会跌入深渊。

① 拉丁民族，原指古意大利中部拉丁姆地区的古代民族。现在泛指受拉丁语和罗马文化影响较深的说印欧语系-罗曼语族的民族，包括意大利、法国、西班牙、葡萄牙和罗马尼亚等。盎格鲁-萨克逊民族是指盎格鲁和萨克逊两个民族结合的民族，大部分英国人和美国人是其后裔。——译者注

② 指1870年爆发的普法战争，导火索是普鲁士宰相俾斯麦公开了一封具有挑战性的“埃姆斯电报”。——译者注

③ 1885年，晚清名将冯子材率军歼灭法军二千余人，在中越边境取得镇南关（今友谊关）大捷，紧接着又取得谅山大捷。法国茹费理内阁因此跨台。谅山：越南北部的边境省份，当时属于法国殖民地。——译者注

④ 喀土穆：苏丹首都。阿拉伯语意即“象鼻子”。——译者注

⑤ 塔尔皮亚，是罗马卡皮托尔山南顶峰的一块陡峭岩石，因为罗马早期叛国的维斯塔贞女塔尔皮娅而得名，这里后来成为处决犯人的地方。——译者注

## （2）群体易受暗示和轻信

在定义“群体”时我们说过，它的一个普遍特征是极易受暗示，我们还指出了在人类集体中暗示的传染性所能达到的程度；这个解释了群体情感之所以会轻易向某个方向的迅速转变。不管人们认为多么无足轻重，群体通常总是处在一种期待状态中，因此很容易接受暗示。最初的暗示通过相互传染，很快进入群体中所有人的头脑，群体情感的一致倾向立刻变成一个既成事实。

正如群体中所有处在暗示影响下的个人所表现出来的那样，这些念头在进入大脑后会轻而易举地变成行动。无论是纵火焚烧宫殿还是自我牺牲，群体都会毫无顾忌地勇往直前。一切行为都取决于刺激因素的性质。而群外的个人不是这样的，行动与否取决于被暗示的行动与自我意识与习惯的关系。后者很可能拒绝并且抵制这种刺激的诱惑。

群体漫游在无意识领地，总是会随时听命于暗示，表现出对理性的影响无动于衷的生物所特有的激情，它们失去了判断力，剩下的只有极端轻信与盲目。在群体中没有不可能的事，要想理解那种编造和传播子虚乌有的神话、故事的能力，必须牢牢记住这点。[①]

神话之所以能轻易在群体中产生并流传，除了极端轻信，也是因为人群的想象总是会对这些神话加以神奇的加工与曲解，让它变得更加容易被接受。群体中，任何众目睽睽下发生的简单事

① 经历过巴黎遭受围困的人，可以看到很多群体轻信的例子。比如，人们会将楼顶上的一盏烛光视为向围攻者发出的信号。但是，稍微清醒地思考一下就能明白，那么一点微弱的烛光在数里之外是不可能看到的。

情，要不了多久就会变得面目全非。群体是用形象来思维的，而形象本身又会立刻引出一系列与之有或者没有逻辑关系的形象。只要想一下，有时我们会因为想到的任何事实而产生一连串幻觉，就很容易理解这种现象。理性告诉我们，它们之间没有任何关系。但这对群体毫无意义，群体中的每个个体都会对此视若无睹，会把歪曲性的想象引出的幻觉当作是真实的事。群体很少有耐心区分主观和客观。它把头脑中产生的幻象也当作现实，尽管这幻象同观察到的事实通常只有微乎其微的关系，也不会因此影响到群体的情绪。

群体对事件进行歪曲的方式多种多样，这个时候组成群体的个人非常不同的倾向会发生作用。只是最终情况总是会因为相互传染的缘故，导致事件受到的歪曲统一成一个样子，群体中的每个个体最终也会有相同的状态。

对真相的第一次歪曲来自群体中的某个个体，这是传染性暗示的源头。在耶路撒冷墙上的圣乔治[①]出现在所有十字军官兵面前之前，在场的人中肯定有人首先感觉到了他的存在。在暗示和相互传染的推动下，一个人编造的奇迹，立刻就会被所有人接受，成为群体的神话。

历史中这种集体幻觉的产生机制基本相同。这种幻觉似乎具备一切公认的真实性特点，因为它是被成千上万人观察到的现象。

没有必要考虑组成群体的个人的才智。在群体中才智无足轻重。从成为群体一员之日始，博学之士便跟无知之人一样，都失去了观察能力。

① 圣乔治：基督教的著名烈士、圣人。经常以屠龙英雄的形象出现在西方文学、雕塑、绘画等领域。——译者注

这个论点似乎说不太通。若想消除人们的疑虑，必须研究大量的历史事实，即使写下好几本书，也不足以达到这个目的。

但是我不想让读者觉得这是些没有得到证实的主张。因此我要为它举出几个实例，它们都是从可引用的无数事例中随便挑出来的。

下面这个实例最典型了，因为它来自使群体成为牺牲品的集体幻觉。群体中的个人既有最无知的，也有最有学问的。一名海军上尉朱利安·费利克斯在他的《海流》一书中偶尔提到了这件事，《科学杂志》也曾加以引用过。

> 护卫舰“贝勒·波拉”号游弋在外海，企图寻找到在一场风暴中失散的巡洋舰“波索”号。当时阳光灿烂，能见度很高。值勤兵突然发现一艘船只发出的遇难信号。顺着信号指示的方向探望，所有官兵都清楚看到一只载满了人的木筏被发出遇难信号的船拖着。但船上所有人都不知道，这不过是一种幻觉。德斯弗斯上将放下一条船去营救遇难者。在接近目标时，船上的官兵看到“有一大群活着的人，他们伸着手，能够听到许多混乱的声音在哀号”。但当抵达目标后，却发现不过是几根长满树叶的树枝，它们是从附近海岸漂过来的。在亲眼看到了事实之后，幻觉才会消失。

这个事例，可以再度清楚说明前面我们已经解释过的集体幻觉的作用机制。一方面，人们看到一个期待中的群体，另一方面，存在着值勤者发现海上遇难船只信号这样一个暗示。通过相互传染，这一暗示被当时的全体官兵所接受。

使眼前发生的事情遭到歪曲，真相被与它无关的幻觉所取代——这种情况出现在群体中，不一定需要人数众多。只要几个人聚在一起就能形成一个群体，就算他们全都是博学之士，离开他们的专长，同样会表现出群体所具有的特点。一旦形成群体，个人所具有的观察力和批判精神马上就会消失。敏锐的心理学家达维先生为我们提供了一个同这个问题相关的奇妙例子，最近一期《心理学年鉴》提到了这件事。

达维先生把一群杰出的观察家召集到一起，其中包括英国著名科学家华莱士先生。在让他们审查了一件物体，并根据自己的意愿做上标记后，达维先生当着他们的面演示精神现象即灵魂现形的过程，并让他们记录下来。这些杰出观察家的报告全都同意，他们观察到的现象只能来自超自然手段。然而达维先生向他们表示，这不过是简单的骗术。这份文献的作者认为："达维先生的研究中最令人吃惊的特点，不是骗术本身的神奇，而是外行目击者所提供的报告的极端虚假。"他说，"显然，甚至众多目击者也会列举出一些完全错误的条件关系，但其结论是，假如他们的描述被认为是正确的，他们所描述的现象便不能用骗术来解释。达维先生发明的方法非常简单，人们对他竟敢采用这些方法不免感到吃惊。但是他具有支配群体大脑的能力，他能让他们相信，他们看到了自己并没有看到的事情。"

这里我们看到的仍然是催眠师对被催眠者的影响。可见，即使是非常严谨，事先就要求其抱怀疑态度的聪明人，如果催眠的力量能够对他们起作用，那么，欺骗普通群体到底有多容易就很好理解了。

类似的例子还有很多。在我写下这些文字时，报纸上充斥着有关两个小女孩在塞纳河溺水身亡的报道。五六个目击者言之凿凿，说自己认出了这两个孩子。所有的证词如出一辙，不容预审法官[①]有任何怀疑，于是他签署了死亡证明。但就在为孩子举行的葬礼上，一个偶然事件使人们发现，本来以为死了的人仍然活着，并且她们和溺水而死的人没有多少相似之处。就像前面提到的事例一样，第一个目击者本人就是幻觉的牺牲品，他的幻觉作为证词轻易就对其他目击者产生了影响。

在这类事情中，暗示的起点一般都是某个人大脑里产生模模糊糊的幻觉，一旦最初的幻觉得到肯定，就会传染开去。如果第一个观察者非常没有主见，他相信自己已经辨认出的尸体，除了一切真实的相似处之外，幻觉有时还会呈现出一些特征，比如一块伤疤或一些装束上的细节，这很容易引起其他人的同感，并坚信。由此产生的同感成为一个肯定判断的核心，会征服理性理解力，窒息一切判断。观察者这时看到的不再是对象本身，而是头脑中产生的幻象。在旧事重提的报纸记录中，有孩子的尸体居然被自己母亲认错这样荒谬的事例，就是对这种认知幻觉最有力的解释。从这种现象中，肯定能找到我刚才已指出其作用的两种暗示。

“另一个孩子认出了这个孩子的尸体，但他认错了。然后又开始了一连串没有根据的辨认过程。

“一件不同寻常的事发生了。在同学辨认尸体的第二天，一个妇女喊道：‘天哪，那是我的孩子。’

① 预审法官，与中国的检察官相似。——译者注

> “她走近尸体，检查了他的衣服，又在他额头上看到了一道伤疤。‘这肯定是我儿子，’她说，‘他去年七月失踪。他一定是被人拐走杀害了。’
>
> “这女人是福尔街的看门人，夫姓夏凡德雷。她的表弟也被叫了来。问到他时，他说：‘那是小费利贝。’住在这条街上的好几个人也都认为这个在拉弗莱特找到的孩子就是费利贝·夏凡德雷，其中这个孩子的同学，是通过尸体上佩戴的一枚徽章认出来的。
>
> “但是，邻居、表弟、同学和当妈的全错了。六周后，那孩子的身份得到了确认。他是波尔多人，在那里被人杀害后，又被一伙人运到了巴黎。”①

应当指出，产生这种误认的经常是妇女和儿童——即最没有主见的人。他们也向我们表明，这种目击者在法庭上会有怎样的价值。尤其就儿童而言，绝不能拿他们的证词当真。地方长官惯于说孩子不会说假话。但哪怕只有一点基本的心理学修养，他们也会知道事情恰恰相反，儿童一直都在撒谎。当然，这是一种无辜的谎言，但仍是谎言。正像经常发生的那样，用孩子的证词来决定被告的命运，还不如用抛钱币的方式来得合理。

回到群体观察力上来。我们的结论是群体的集体观察极不可靠，大多数时候这种观察的结果，是来自某个同伴个人幻觉的传染过程。各种事实证明，应当明智地看到群体证词的不可靠，这种不可靠甚至能够达到令人难以置信的程度。二十五年前的色当

---

①《闪电报》，1895 年 4 月 21 日。

战役[1]，有数千人参与了著名的骑兵进攻，但是谁在指挥这场进攻，面对那些矛盾的目击者证词，根本不可能确定。英国将军沃尔斯利爵士[2]在最近一本书中证明，关于滑铁卢战役中一些最重要的事件，至今一直有人在犯最严重的事实错误。而这是一些由数百人证明过的事实。[3]

这些事实向我们证明了群体证词的价值是什么。逻辑学告诉我们：口供一致的多人证明毫无疑问是属于可以作为最强有力的证明来支持事实的准确性。然而从我们所了解的群体心理学知识则告诉我们：逻辑学在这个问题上，我们需要重新加以考虑。因为那些观察者人数最多的事件，肯定就是受到最严重怀疑的事件。如果说数千个目击者同时证实了一件事，那么这通常也就意味着真相与公认的描述相去甚远。

从以上事例可以得出这样的结论，那些史学著作只能当作纯粹想象的产物。它们是对观察有误的事实所做的无根据记述，混

---

① 色当战役：发生于1870年9月1日普法战争时期。战斗的结果是普军俘虏了法国皇帝拿破仑三世及其麾下的军队，虽然普军仍需要与新成立的法国政府作战，但此战实际上已经决定了在普法战争中普鲁士及其盟军的胜利。色当：法国的一个城镇，位于法国东北部的阿登省。——译者注

② 沃尔斯利（1833—1913）：英国维多利亚时期陆军元帅。他因军功而被封为爵爷。曾参加第二次鸦片战争，火烧圆明园。他中文名字为吴士礼。主要著作有1895年的《拿破仑衰亡史》。——译者注

③ 对于一场战争我们知道多少，它是如何发生的吗？对此我深表怀疑。也许我们只知道谁是侵略者，谁是被侵略者，仅此而已。德哈考特先生对自己亲眼所见并参与过的索尔费里诺战役的一番言论，也许适用于所有的战役：“将军们提出他们的官方报告（自然有数百位目击者作证）。勤务官对这些文件进行了修改，做出明确的描述；参谋长提出不同意见并在新的基础上彻底重写了一遍。它被送到元帅那里，他审阅后批示‘你们全搞错了’，于是他又用一份新文件取而代之，原来报告中的内容几乎全没有了。”德哈考特提出的这个事实就是想说明，即使给人留下深刻印象、观察最充分的事件，也不可能确定它的真相。

杂着一些作者对结果的思考与解释。写这样的东西完全是在虚掷光阴。假如历史没有给我们留下它的文学、艺术和不朽之作，我们对以往时代的真相便一无所知。关于那些在人类历史上发挥过重大作用的伟大人物的生平，如赫拉克勒斯、释迦牟尼、耶稣或穆罕默德，我们拥有过一句真实的记录吗？极可能一句也没有。不过实事求是地说，他们的真实生平对我们无关紧要。我们想要知道的，是我们的伟人在大众神话中呈现出来的形象。打动群体心灵的是神话中的英雄，而不是一时的真实英雄

很不幸，神话虽被清楚记录在书中，本身却无稳定性可言。随着时光流逝，尤其是由于种族的缘故，群体想象力在不断改变着这些神话。《旧约全书》中嗜血成性的耶和华与圣德肋撒[①]所爱的上帝有天壤之别，在中国受到崇拜的佛祖，与印度人所尊奉的佛祖没有多少共同点。

英雄神话因为群体想象力而改变，使英雄离我们而去并不需要数百年时间，有时就发生在几年之内。在我们自己这个时代，历史上最了不起的伟人之一的神话，不到五十年就有过数次改变。在波旁家族[②]的统治下，拿破仑成了田园派和自由主义者们的慈善家，一个卑贱者的朋友。在诗人心中，他注定要长存于乡村人民的记忆之中。但三十年后，这位步态安详的英雄变成了嗜血成性的暴君，在篡夺权力并毁灭了自由之后，仅仅为了满足自己的野心，他便让三百万人命丧黄泉。今天，这个神话又在发生变化，

① 圣德肋撒（1873—1897）：法国著名天主教修女。死于肺结核。有书信体《灵魂经历》传世。——译者注

② 波旁家族，一个在欧洲历史上曾断断续续统治过纳瓦拉、法国、西班牙、那不勒斯与西西里、卢森堡等国以及意大利若干公国的跨国王朝。因封地在波旁而得名。——译者注

至于最终会变成什么样，谁也无法断言。设想数千年后的博学之士们，面对这些自相矛盾、破绽百出的记载，也许会对是否真有过这位英雄表示怀疑，正像现在有人怀疑释迦牟尼一样。从他身上，未来的人们只会看到一个光彩照人的神话或一部赫拉克勒斯式传奇的演变。我相信对这种缺乏确定性的情况，他们无疑会很容易心安理得，因为和今天的我们相比，那时的人们更能明白群体的特点和心理。他们知道，除了神话外，历史并没有多少能更好地保存其记忆的方法。

### （3）群体情绪的夸张与单纯

在情感上，就像在许多其他方面一样，身处群体中的个人类似于原始人，不管是好是坏，情感表达的突出特点就是简单夸张。因为他不能作细致区分，从整体上去看待一个事件，更看不到其中存在的过渡状态。群体情绪的夸张也受到另一个事实的强化，即不管什么情感，一旦表现出来，通过暗示和传染的方式非常迅速地进行传播，它所明确赞扬的目标就会力量倍增。

群体情绪的简单和夸张的结果，必然是对怀疑和不确定性的浑然不知。它就像女人一样容易陷入极端。任何质疑一旦说出来，就马上会成为证据而不容辩驳。不喜欢和反对的观点，如果发生在独立的个人身上，不会有什么力量，但要发生在群体中的个人身上，却能立刻变为可怕的愤怒。

这种群体情感的狂暴，在异质性群体中，会因责任感的彻底消失而强化，显得格外狂暴。法不责众，一旦意识到肯定不会受到惩罚，加上因为人多势众而一时产生的力量感，会使群体表现出一些独立的个人不可能有的情绪和行动。在群体中，傻瓜、低能儿和心怀妒忌的人，摆脱了自卑无能感，会感觉到自己身上有了一种残忍、短暂又巨大的力量。

很不幸，群体的这种夸张常常被用于某些恶劣情感。它们是人的原始本能残留的隔代遗传结果，独立而负责的个人因为受制于道德与法律规则，总是能对这种禀性加以约束。而群体不会，群体总是会很容易做出极端恶劣的行为。

不过，这并不意味着群体没有可能在巧妙的影响之下，表现出英雄主义、献身精神等崇高美德。有时候他们甚至比独立的个人更能做出高尚行为。等我们开始研究群体道德时，很快就会回到这个话题上来。

因为习惯于夸大自己的情感，因此群体通常只会被极端情感打动。企图煽动群体的演说家，一般都会采取出言不逊之类的粗俗粗暴方式。往往信誓旦旦，夸大其词，并不断重复，绝不通过讲道理来证明自己所说的。这是公众集会上的演说家惯用的伎俩。

另外，对自己心中崇拜的英雄，群体也会诉诸极度夸张的情感。他们会过度夸大这些英雄的行为以及品质和美德。早就有人正确指出，观众会需要舞台上的英雄具有现实生活中不可能存在的勇气、道德和优秀品质。

在剧场中观察事物时的那种特殊立场，其重要性早就被人认识到了。这种特殊立场的存在毋庸置疑，却与一般原则以及逻辑甚至常识不相符。用来吸引群体观众的艺术品位自然是低下的，不过也需要特殊才能才可以获得成功。对于一部戏剧，单单阅读剧本是不可能了解的，更无法判断它是否会成功。剧院经理在接到一部新戏时，通常会先把自己变成观众。[①]

对此，我们又一次有做更广泛解释的可能。我们会说明种族因素的压倒性影响。一部在某国掀起热情的歌剧，在另一国却未获得成功，或只是取得了部分成功，是因为它没有能产生足以对另一个种族公众有效的影响力。

群体的夸张倾向只作用于情感，对理性、智力不起任何作用。对此，我认为我无须另加说明。我已经表明，个人一旦成为群体的一员，他的智力立刻会大幅下降。关于这一点，一位有学问的官员塔尔德先生[②]在研究群体犯罪时也证实了。群体能做到的仅仅是让他们的情感在极高境界与极低境界之间升降。

### （4）群体的偏执、专横和保守

群体只具有简单并极端的情感；对于提供给他们的各种观点、想法和信念，他们或者全盘接受，或者一概拒绝，要么视为绝对真理，要么视作绝对谬论。采取暗示办法加以诱导，而不是

---

① 所以不难理解，一些被所有剧院经理拒之门外的作品，往往在偶然被搬上舞台后，为何竟会大获成功。大家都知道法国右翼作家科佩（1842—1908）的《为了荣誉》最近获得了成功，尽管作者很有名望，但是在过去十年里这个剧本一直被巴黎主要歌剧院的经理拒之门外。

被所有剧院都拒绝过的《夏莱的姨妈》，最后因一个股票商人出资才搬上舞台。在法国演出了 200 多场，而在英国伦敦超过了 1000 场。如果没有上面的这些解释，我们便无法理解为什么这些十分小心地避免这类失误的人，还是会判断错误，但是至少现在剧院经理是不可能代替观众的。这个话题我不在此讨论，如果一个作家既能熟悉剧院生活又是个细心的心理学家的话，那么他倒是很值得在这个问题上费些笔墨。

② 塔尔德（1843—1904）：法国社会学家、统计学家、犯罪学家，心理法学派的主要代表人物之一。在犯罪学上提出“模仿法则”说，认为犯罪过程就是模仿过程。——译者注

通过合理解释给出的信念，历来如此。这一点因其经常体现在那些偏执的宗教信仰以及专制统治上，而为人所知。

非此即彼，对真理与谬误毋庸置疑，同时，还感受到自己强大的力量，群体便为自己赋予了专横的性质。独立的个人可以认可矛盾的存在，会希望通过讨论达成妥协，但群体是绝对不会这样做的。在公众集会上，演说者哪怕做出最轻微的有悖于群体的行为，立刻就会招来怒吼和粗野的叫骂。在一片嘘声和驱逐声中，演说者很快就会狼狈不堪地败下阵来。假如现场缺少当权者权威性的约束性因素，触犯群体的人往往会被残暴地打死。

专横和偏执是一切类型群体的共性，但其强度各有不同。在这里，支配人们情感和思想的基本种族信念会一再表现出来。尤其是在拉丁民族的群体中，专横和偏执能发展到无以复加的地步。事实上，专横与偏执这两种极端情绪，在拉丁民族群体中的发展，已经彻底破坏了盎格鲁-撒克逊人所具有的强烈的个人独立性。拉丁民族的群体只关心他们所属宗派的“集体独立性”，他们对待任何不同于这种独立性的见解，都会采取强制手段强迫对方放弃自己的独立见解，并接受属于他们群体的信仰。对于何为自由，各拉丁民族自宗教裁判所时代以来，那些各个时期的雅各宾党人就从未有过别样的理解。

群体对于专横和偏执的情感，通常都会有明确的认识，他们很容易产生这种情感，而且只要有人稍微煽动一下他们这种情绪，他们就会随时将其转化为行动。对强权总是俯首帖耳的群体，却很少会为仁慈所动，他们会把仁慈善良看作是软弱可欺，会对任何让步都得寸进尺。他们从不会听命于温和宽厚的主人，主人稍微流露出的同情都会引来他们的轻蔑，他们只会屈从于残暴的暴君，甚至会为这暴君塑起最壮观的雕像。不错，他们喜欢践踏被他们剥夺了权力的专制者，但那是因为专制者失去了权力。他受到蔑视是因为他不再拥有让人害怕的权力、权威。群体最喜欢的英雄都像恺撒[①]一样。他的权杖吸引着他们，他的权力威慑着他们，他的利剑让他们心怀敬畏。

群体随时会欺凌软弱可欺者，而对强权低声下气。如果强权时断时续，而群体又总是被极端情绪左右，它便会反复无常，时而无法无天，时而卑躬屈膝。

然而，如果以为群体中的革命本能处在主导地位，那就完全是对群体心理的严重误解。在这件事上让人们上当的，是把它们的暴力倾向误当作是革命意愿了。群体的反叛和破坏行为的爆发总是十分短暂，强烈受到无意识因素的支配，因此很容易迅速屈从于世俗的等级制，本质上会倾向于保守。如果任其为所欲为，它们很快就会对混乱感到厌倦，本能地渴望秩序从而接受被奴役。当波拿巴对一切自由采取强硬的压制手段后，他用自己的铁腕让每个人都感到切肤之痛时，那些对他发出欢呼的正是最桀骜不驯的雅各宾党人。

不对群体深刻的保守本性有所了解，就难以理解历史上的动

---

① 恺撒（前100年—前44年）：史称恺撒大帝，罗马共和国（今地中海沿岸等地区）末期杰出的军事统帅、政治家，成为了罗马帝国的奠基者。恺撒出身贵族，历任财务官、祭司长、大法官、执政官、监察官、独裁官等职。公元前60年与庞培、克拉苏秘密结成前三头同盟，随后出任高卢总督，在8年的时间里征服了高卢全境（今法国一带），还袭击了日耳曼和不列颠。公元前49年，他率军占领罗马，打败庞培，集大权于一身，实行独裁统治。制定了《儒略历》。公元前44年3月15日，恺撒遭到以布鲁图所领导的元老院成员暗杀身亡，享年56岁。恺撒死后，其甥孙及养子屋大维击败安东尼开创罗马帝国并成为第一位帝国皇帝。——译者注

荡，尤其是民众的革命。不错，它们可能希望改朝换代，为了取得这种结果，它们会毫不犹豫地就发动暴力革命，不过所有旧制度的存在，本质上都反映了族群对等级制存在的需要，因此任何族群最后都会服从在权威制度下。群体的多变，只会影响到社会的表层。群体下的人实际上像原始人一样，有着顽固的保守本能，对传统的迷恋与崇敬是绝对的；他们对那些可能改变自己生活基本形式的新事物，都有着本能的恐惧与抵触。纺织机以及蒸汽机的发明并被运用到工业生产中，还有铁路时代的到来，如果当时这些民主派掌握着他们今天拥有的权力，这一切都不可能实现，或者为了实现，会要付出革命与鲜血的残暴代价。对于文明的进步而言，值得庆幸的是，只是在伟大的科学发明和工业出现后，群体才开始掌握权力。

### （5）群体的道德

“道德”一词如果指的是对社会习俗持久的尊重，对个人欲望与私心冲动的限制的话，显然群体是缺乏道德的。群体易变，而且太容易冲动。但如果把那些偶尔表现出来的品质如舍己为人、自我牺牲、不计名利、献身精神和对平等的渴望，也归属于“道德”范畴，那么我们可以认为，群体经常会展现出很高的道德境界。

少数心理学家在研究群体心理时，只着眼于群体的犯罪行为，在经常目睹犯罪行为发生在群体中后，他们由此认定，群体的道德水平十分低劣。

这种情况当然存在。但导致这种情况存在的原因是什么？我想这是因为我们从原始时代那继承下来了野蛮和破坏的本能，它残存在我们每个人身上。在现实生活中，一个独立的个人想要去满足这种本能是危险的，但当他成为一个不负责任的群体的成员后，不会受到惩罚的感觉就会让他身上野蛮破坏性的本能被释放。很多时候，在生活中我们不能向同胞发泄这种本能，就把它发泄在动物身上。现代人类对群体捕猎所表现出的热情与捕猎行为中的凶残，与上述本能来自同一渊源。群体会折磨没有反抗能力的牺牲者，看着他慢慢死亡，表现出一种懦弱者的残忍[①]。在哲学家看来，这种残忍与几十个猎人聚集成群，用猎犬追捕和杀死一只可怜的鹿时表现出的冷酷残忍，有着密切关系。

群体可以毫无同情怜悯，杀人放火、无恶不作，也能做出独立个体无法做到的献身、牺牲和不计名利的崇高行为。用荣誉、爱国来号召，对群体中的个体最具影响力，而且经常能让他毫不犹豫地献出生命。像十字军东征和1793年的志愿者[②]这类事例，历史上比比皆是。这种献身精神往往是只有集体才具有的。群体会为了只有一知半解的信仰、观念和只言片语，便英勇赴死！看看那些不断举行游行示威的人群，很可能仅仅是为了服从一道命令，而不是为了增加一点养家糊口的薪水。私人利益几乎是独立的个人唯一的行为动机，却很少成为群体的强大动力。在群体智力难以理解的多次战争中，支配着群体行为的不可能是个人利益；在这类战争中，他们心甘情愿被人屠杀，表现得像是被猎人施了催眠术的小鸟。

在一群无恶不作的罪犯中，也常出现类似现象，仅仅因为是

① 此处说的是对“巴士底狱狱长的虐杀”。在本书第三卷第2章中会具体提到。——译者注

② 1793年，法国为了弥补士兵的不足，招募了大量的志愿者，作为军队的主要力量。——译者注

群体的一员，他们就会表现出严格的道德纪律。丹纳提醒人们注意一个事实，“九月惨案[①]”的罪犯们并没有把从牺牲者身上找到的钱包和钻石据为己有，这是他们本来很容易就能做到的，他们反倒把这些掠夺来的东西放在了会议桌上。1848 年革命期间[②],那些短暂占领了杜伊勒利宫[③]的群众,并没有染指那些原本是该让他们的贪婪欲望爆发的物品，要知道其中任何一件都能换来很多天的面包。

群体对个人的这种道德净化作用，肯定不是常规，然而它却是一种经常会出现的现象。甚至不是在像我刚才说的那样的环境下，也可以看到这种现象的存在。我前面说过，剧院里的观众要求作品中的英雄有着夸张的美德，而在任何一次集会，也能看到那些原本品质低劣的成员也会表现得严肃认真。那些放荡不羁、拉皮条的人和社会底层粗俗的人，在某些场合的交谈中，会变得细声细语，虽然这种方式完全不符合他们的习惯，那些场合对他们也构不成任何危险。

群体经常放纵自己的本能欲望，但也会树立崇高道德行为的典范。如果把不计名利、绝对顺从和献身于（无论真实还是虚幻）信仰也归入美德范畴，那么群体通常不但具备美德，而且所达到

---

① 1792 年的 9 月，巴黎群众冲进监狱，杀死了大量关押在内的贵族和僧侣，历史上称这一事件为“九月惨案”。——译者注

② 1848 年革命，也称“民族之春”或“人民之春”，是在 1848 年欧洲各国爆发的一系列武装革命，是平民与贵族间的抗争，主要是欧洲平民与自由主义学者对抗君权独裁的武装革命。法国二月革命是 1848 年欧洲的革命浪潮的重要部分之一，1848 年 2 月，推翻当时的法国国王路易·菲利普，建立了第二共和国，同年 12 月 10 日是拿破仑三世当选总统。——译者注

③ 杜伊勒利宫：曾是法国的王宫，位于巴黎塞纳河右岸，1848 年革命中遭到抢劫和破坏，于 1871 年被焚毁。——译者注

的高度，即使是最聪明的哲学家也难以望其项背。尽管他们通常是在无意识下展现这些美德，但这不影响大局。我们不该对群体求全责备，说他们经常受无意识因素的左右，缺乏理性。要知道有时候不得不相信，如果他们开动脑筋理性思考起自身的切身利益，我们的星球上也许根本就不会出现文明，人类也不会拥有自己的历史。

# 第3章 群体的观念、推理与想象力

提要：（1）群体的观念。基本观念和次要观念 / 相互矛盾的观念为何能够并存 / 高深的观念必须经过改造才能被群众所接受 / 观念的社会影响与它是否包含真理无关。（2）群体的理性。群体不受理性的影响 / 群体只有十分低下的推理能力。它所接受的观念只有表面上的相似性或连续性。(3) 群体的想象力。群体有着强大的想象力 / 群体只会形象思维，这些形象之间没有任何逻辑关系 / 群体易受神奇事物的感动，神奇事物是文明的真正支柱 / 民众的想象力是政客的权力基础 / 能够以事实触发群体想象力的方式。

## （1）群体的观念

在前一本研究群体观念对各国发展影响的著作[①]里我已经指出，任何一种文明，无不都是很少几个通常都不会被改变的基本观念的产物。我说明了这些基本观念在群体心中根深蒂固的程度，想要改变它们会有多么困难，以及这些观念一旦得到落实后所具有的强大的力量。我还证明了，历次历史上的大动荡，都是这些基本观念遭到改变后引发的结果。

在已经用大量篇幅讨论过这个问题后，我现在不想旧话重提。这里我只想简单谈谈能被群体所接受的那些观念，以及他们

① 勒庞这里指的是他的《民族进化的心理定律》一书，曾于1894年出版，在1898年出版了这本书的英译本，书名改为《民族心理学》。——译者注

是如何领会这些观念的。

这些观念可以分为两类。一类不属于基本观念，这些观念受到环境影响迅速出现，又迅速消失，如那些只会引起个人或某种理论注意并为之着迷的观念；另一类属于基本观念范畴，它们因地域、遗传规律和公众习俗等因素，具有极大的稳定性。例如传统宗教观，还有如今天的社会主义和民主观念，都属于这个范畴。如今，曾经的那些被我们父辈视为人生支柱的伟大观念正摇摇欲坠。它们已经失去了曾经的稳定性，同时，建立在这些基本观念上的社会制度也开始坍塌。每天都会有我前面说的来去匆匆的观念大量出现，但是它们中大部分都缺乏生命力，无法持久地带来影响。

给群体提供的无论是什么观念，只有当它们具有绝对的、毫不妥协和简单明了的形式时，才能产生有效影响。因此这些观念都会披上形象化[①]的外衣，也只有以这种形式，它们才能被群众接受。这些形象化的观念之间，没有任何逻辑上的相似性或连续性，它们可以随意被相互取代，就像从幻灯机[②]中取出一张又一张叠在一起的幻灯片一样。这说明了为什么相互矛盾甚至相互抵触的观念[③]能在群体中同时流行。随着时机变化，群体会根据它的理解力所及，在某一个时刻处在这类观念中某一个的影响下，为此做出

① 将抽象的事物当作具体的事物加以描述。——译者注

② 发明于1654年，是投影仪、幻灯机的前身。其原理是将幻灯机置于一个黑房内，将幻灯片插入凸透镜后面的槽中，点燃蜡烛，光源通过反光镜反射汇聚，通过透明画片和镜头，形成一根光柱映在墙幕上。在19世纪中叶，美国发明了赛璐珞胶卷后，幻灯片即开始使用照相移片法生产。——译者注

③ 譬如道家讲避世，而儒家讲入世，这两种观念截然相反，但我们却可以同时拥有。——译者注

看上去大相径庭的行为来。群体从来就不具备批判精神，因此也不可能察觉到这些矛盾的存在。

这并非群体所特有的现象。许多独立的个人，不只是野蛮人，而且还包括智力的某方面接近于原始人的那些人，例如宗教信仰中狂热的宗派成员，这种现象在他们身上表现得就非常明显。我就曾在那些在我们欧洲大学受教育并拿到文凭的有教养的印度人身上，令人费解地发现过这种现象。他们一成不变、基本的传统或社会观念被附着上了部分西方现代文化与文明观念。在不同场合，他们会根据需要或这一套或那一套观念地转换使用，伴以相应的言谈举止，这让同一个人显得极为矛盾。不过，这种矛盾的现象与其说真正存在，还不如说只是一种假想. 因为只有世代相传的观念才能对独立的个人产生足够的影响，成为他行为动机的驱动力。只有当一个人因为不同种族间的通婚而处在不同传统间时，他的行为才会真正时不时地表现得截然对立。这些现象虽然对心理科学上很重要，但在这里没必要过于深究。我的观点是，要想充分理解它们，至少需要花上不少于十年的时间去对各地进行周游观察才行。

只有那些具有简单明了形式的观念，才会被群体所轻易接受，因此任何针对群体的观念，都必须经过一番改造，以便让它变得通俗易懂。当面对的是高深莫测的哲学或科学观念时，我们会更清楚地看到，为了适应群体的智力水平，对它们需要进行多么深刻的改造。这些改造取决于群体或群体所属的种族性质，不过通常的方式都是低俗、简单化。这说明了一个事实，即从社会角度，现实中很少存在观念的等级制，也就是说，很少存在有高下之分的观念。一种观念，不管它刚出现时多么伟大或正确，仅仅因为进入了群体智力的范围并对开始对群体发生影响，它那些高深或伟大的成分就会被迅速剔除。

从社会的角度看，一种观念的固有价值并不重要，重要的是它对一个社会产生的效果。中世纪的基督教观念，20 世纪的民主观念，或今天的社会主义观念，都算不上十分高明。从哲学层面来说，这些观念只能算是一些错误，却威力巨大，在未来很长一段时间里都将是决定各国行动的基本因素。

即使是一种观念经过了比较彻底的改造后，能被群众接受了，也只有在转化成情感，进入到无意识领域，才会产生影响，这需要一段很长的时间，其中涉及的各种过程，将在下文加以探讨。

不要以为，一种观念仅仅因为正确，就至少能在有教养者的头脑中产生作用。只要看看历史上那些确凿无误的事实证据，它们的影响对大多数人来说影响力有多么无力，就能明白这个道理。那些摆在眼前的可信证据，也许会被有教养的人所认可，但信徒们则会很快就被无意识的自我重新拉回到他原来的观点。要不了多久，这些信徒就会无视眼前确凿无疑的事实证据，而重新回到旧的观念下，用同样的言辞表述自己对这种认识的坚信。要知道那些观念已经成为他情感的一部分；只有这种观念才是影响着我们的言行举止最隐秘的动机。无论是个体还是群体，概莫能外。

当观念通过各种方式深入到群体头脑中，并产生了一系列效果后，所有与之对抗的企图都是徒劳的。看看引发法国大革命的那些哲学观念，花了将近一个世纪才深入人心。可一旦变得根深蒂固，其威力就不可抗拒。整个法国民族都为了得到社会平等、实现那抽象的权利和理想主义的自由不惜付出任何代价，从而导致了全欧洲的王室都开始摇摇欲坠，使西方世界陷入深刻动荡中。在二十年的时间里，各个国家都在寻求解救自己的方法，整个欧洲出现了连成吉思汗看了也会心惊胆战的大屠杀。有史以来，世界还从未见过这种因为一种观念的传播，而引起的这样大规模悲剧性的动荡。

想要让一个观念在群众头脑扎根，需要很长时间，而根除它所需要的时间也许更长。就观念而言，不同于那些智者和哲学家，群体的接受与转变往往需要好几代人的时间。今天所有的政客都心知肚明，我刚才提到的那些基本观念中混杂着错误，然而由于这些观念的影响力依然十分强大，他们也不得不根据自己早已抛弃的那些观念的原则进行统治。

### （2）群体的理性

我们不能绝对的说，群体没有理性或不受理性的影响。

但是它所能接受，并能对其产生影响的论证，在逻辑上属于十分拙劣的一类，将此称之为推理只能当作是一种比喻。

就像高级的逻辑推理一样，群体所具有的低劣推理能力同样也要借助于观念，只不过在群体所采用的各种观念之间，只存在表面的相似性或连续性。群体的推理类似于爱斯基摩人的方式，他们从经验中得知，冰这种透明物质放在嘴里可以融化，于是认为同样属于透明物质的玻璃放在嘴里也会融化；群体又像一些野蛮人，以为吃下骁勇敌手的心脏，便能得到敌人的胆量；或是像一些受雇主剥削的苦力，会认为天下所有雇主都是在剥削人的。

群体推理的特点，是把只在表面上相似、本质上不同的事物混淆在一起，把具体的事物当作是普遍性的。那些懂得如何操纵群体的人，提供给群体的也正是这种论证。并且，这是唯一能对群体起作用的论证方式。那种正确的包含了一系列环节的逻辑论证，群体完全无法理解，也就是说，群体并不推理或只会错误推理，也不受推理过程的影响。读读某些演说词，其中的逻辑漏洞比比皆是，但听众却听得津津有味，并对其深信不疑。对此，人们通常总是容易忘记，这种演说词并不是写给哲学家，而是用来说服群体的。与群体关系密切、深深懂得群体的那些演说家，知道怎样做，提供怎样的形象才能诱惑并激发群体。一旦做到这点了，他也就能轻易达到自己的目的。来自深思熟虑，翔实充分的逻辑论证的二十本著作，对于群体还不如几句能够说服、煽动群体头脑有号召力的话。

群体没有推理能力，因此也不可能拥有任何批判精神，它也因此不能辨别真伪或对任何事物形成正确的判断。群体所接受的判断，仅仅是强加给它们的，而非经过讨论得出的结论。关于判断能力，也有无数个体比群体高明不了多少。一些观点之所以轻而易举地就得到普遍赞同，原因更多是因为大多数人感到，自己没有能力通过推理形成自己的看法。

### （3）群体的想象力

群体像所有缺乏推理能力的人一样，形象化的想象力不但强大而且活跃，稍触即发。一定意义上，群体就像个睡眠中的人，理性被暂时悬置，因此头脑中极易产生鲜明的形象。一个人、一件事或一次事故，就足以在他们头脑中唤起栩栩如生的形象。但只要他能够开始思考，这种形象也会迅速消失。因为群体没有思考和推理能力，所以它们不认为世上有做不到的事。它们通常会认为，最不可能的事就是最惊人的事。正是这个原因，任何一个事件中不同寻常、带有传奇性的一面，才都会留给群体留下深刻印象。实际上，分析一下就会发现，一种文明得以存在的真正基础，正是那些神奇的、传奇般的传说。对于历史，表象总是比真相起着更重要的作用，不现实的因素总是比现实的因素更重要。

因为只懂得形象思维，群体也只能被形象打动。只有形象能吸引或吓住群体，成为它们的行为动机。因此，那些不管其内容，只要是能活灵活现地展现人物形象的戏剧表演，才总是对群体有巨大的影响。在罗马民众的心里，只要有面包和宏大壮观的表演，就别无他求。正是这些虚幻的东西构成了他们幸福的实质，在至今所有时代里，这种实质很少改变。对各种群体的想象力起大作用的莫过于戏剧表演。所有观众同时体验着同样的情感，这些情感之所以没有立刻变成行动，不过是因为最无意识的观众也不会认识不到，他不过是个幻觉的牺牲品，他的笑声与泪水，都是因了那个想象出的离奇故事。然而有时因为形象的暗示而产生的情感却十分强烈，因此就像暗示通常所起的作用一样，会诱发群体倾向于立即行动。这类事件时有所闻：大众剧场的经理仅仅因为上演了一出让人情绪低沉的戏，便不得不在扮演叛徒的演员离开剧院时为他提供保护，以免受到那些对叛徒的罪恶义愤填膺的观众的粗暴攻击，尽管那不过是想象的罪行。我认为，由此看到的是群体心理状态，尤其是对其施以影响的技巧最显著的体现。无论是现实还是虚幻的因素，对他们的影响都一样大。他们有对两者不加区分的本能倾向。

那些侵略者的权力和国家的权威，正是建立在群体想象力上的。在对群体实施领导时，尤其要着眼于它们的想象力。所有重大历史事件，佛教、基督教、伊斯兰教的兴起，宗教改革，法国大革命，以及我们这个时代社会主义的崛起，都是群体想象力受到强烈影响后造成的直接或间接的后果。

无论哪个时代或哪个国家，那些出现过的伟大政客，也包括那些最专横的暴君，无不都是把群众的想象力作为权力的根基，他们统治的成功，从来就不是跟这种群体想象作对的结果。拿破仑曾对国会说："我通过加入天主教，终止了旺代战争①；通过变成穆斯林教徒，在埃及站住了脚；通过成为信奉教皇至上的人，赢得了意大利神父的支持。如果我去统治一个犹太人的国家，我也会重修所罗门的神庙。"自从亚历山大②和恺撒以来，大概从没有哪个伟大的人物能比拿破仑更懂得如何影响群众的想象力。他自始至终着力贯彻的，就是如何对这种想象力施加影响，并加以利用。无论是在胜利时，还是在屠杀时，要不就是在演说中，在他所有行动中，他都牢记这点，直到躺在床上奄奄一息，也依然对此念念不忘。

如何影响群众的想象力呢？我们很快就会知道。这里只需说明，要想掌握这种本领，万万不可求助于理性或推理，也就是说，绝对不可以去论证。安东尼③让民众反对谋杀恺撒的人，他采用的办法并不是机智说理，而是用手指着面前恺撒的尸体，宣读他的

① 旺代战争：指法国大革命期间，法国中央革命政府与西部王党叛乱势力于1793—1796年进行的战争。因叛乱中心在旺代省，故得其名。——译者注

② 亚历山大大帝（前356年—前323年）：马其顿王国（亚历山大帝国）国王，称亚历山大三世。世界古代史上杰出的军事家和政治家，西方历史上四大军事统帅之首（其他三人为汉尼拔、恺撒、拿破仑）。马其顿国王腓力二世之子。——译者注

③ 安东尼（前82—前30）：古罗马著名的政治家，恺撒生前的密友。——译者注

遗嘱[1]。

无论刺激群众想象力的是什么，无不都是以鲜明形象出现在群体面前，没有任何多余的解释，顶多会伴随有一个或几个神奇的事发生。可以是一场伟大的胜利、一种大奇迹，大的罪行或者大的愿景。要把这些呈现在作为整体的群众面前，并保持神秘，对来源秘而不宣。相对来说，上千次小罪或小事件，是丝毫触动不了群众的想象力的，也许这些小的罪行、小的事件累加起来造成的后果要远大于某个大罪行、大事件造成的，也无法改变带给群体的印象的有效性。

几年前，流行性感冒仅在巴黎一地便造成了五千人的死亡，但民众似乎对此无动于衷。原因在于，这种真实发生的大规模死亡，并没有伴随着某个生动形象的出现，对于大多数人，这不过是一堆枯燥的统计数字。反之，如果一次事件造成的死亡只有五百人而不是五千人，但它是在一天之内集中发生在公众面前的，那就会成为一次引人瞩目的事件，譬如埃菲尔铁塔的轰然倒塌，自然会对群众的想象力产生重大影响。

有一艘正在穿越大西洋航线的汽轮，人们因为得不到相关消

① 根据史学家尤特罗匹斯的说法，当时有60多人参与这谋杀。其中主要策划者有该尤斯·卡西乌斯、马可斯·布鲁图斯、德基摩斯·布鲁图斯，这些都是恺撒最信任的人。恺撒的遗嘱是按照其岳父的要求，在马克·安东尼的家中启封宣读的。这份遗嘱是在前一年的9月13日立下的，并一直保存在维斯塔贞女祭司长手里。在这份遗嘱中，恺撒指定自己姐姐的三个孙子为自己的继承人：给屋大维四分之三的财产，其余四分之一由鲁基乌斯·皮那留斯和克文图斯·佩蒂尤斯分享；为自己可能出世的孩子指定了监护人，其中几个竟是参与阴谋的凶手；还指定屋大维为自己的家庭成员，将自己的名字传给他，并规定德基摩斯·布鲁图斯为第二顺序继承人；此外，他还把台伯河的花园留给人民公用，并赠予每个公民300塞斯特尔提乌斯。——译者注

息，以为它已沉没，此事对群众想象力的影响整整持续了一周。但官方的统计表明，仅在 1894 年一年，就有 850 条船和 203 艘汽轮失事。以造成的生命和财产损失而论，严重程度远超过那艘汽轮的沉没，但群众对此却毫不关心。

影响民众想象力的，并不是事实本身，而是事实发生和引起注意的方式。如果让我表明看法的话，我会说，必须对它们进行浓缩加工，才会形成惊人形象。掌握了影响群众想象力的艺术，也就掌握了统治他们的艺术。

## 第 4 章　群体信仰所采取的宗教形式

提要：宗教情感的意义 / 它不取决于对某个神的崇拜 / 它的特点 / 信念的强大是因为它采取了宗教的形式 / 不同的例子 / 民众的上帝从未消失 / 宗教情感复活所采取的新形式 / 宗教形式的无神论 / 从历史角度看这些现象的重要性 / 历史上的大事件都是群体宗教情感而非独立的个人意志的结果。

我们已经证明了群体的不进行推理，它对观念要么全盘接受，要么全盘拒绝；对它产生影响的那些暗示，会征服它的理解力，并使之趋向于立刻把这些暗示诉诸行动。我们还证明，给予群体合适的影响，它就会为自己所信奉的理想义无反顾，死而后已。我们也看到，它会迅速把同情转为崇拜，并因此生出狂暴极端的情绪，而一旦厌恶了，就会立刻变为仇恨。这些概括性的说明，已经为我们揭示了群体信念的特性。

对这些信念做更细致的考察，会发现不论是在宗教信仰狂热的时代，还是如 20 世纪那种政治大动荡的时代，它们总是采取一种特殊的形式，我除了把它称为宗教情感，就再没有更好的称呼。

这种情感有简单特点，比如对想象中某个高高在上者的崇拜，对生命赖以存在的某种力量的畏惧和盲目服从，没有能力对自己的信条进行探讨，有着传播这种信条的愿望，并倾向于把不接受的任何人视为仇敌。这种情感所涉及的不管是什么，不可见的上帝、一根木头、一块石头，或者某个英雄或什么政治观念，只要有上述特点，就具备宗教的性质。可以看到，这种信念还会具有超自然和神秘因素。群体会在下意识下，把某种神秘力量等同于那些一时激起他们热情的政治信条，或者某位获胜的领袖。

如果只崇拜某个神，一个人还算不上虔诚，只有当他把自己的内心、所有的资源、心甘情愿的服从、发自肺腑的幻想热情全部奉献给一项事业或一个人，并当这项事业、这个人是自己思想、行动的目标与动力时，才能称其为虔诚。

偏执与妄想总是伴随着宗教情感。凡是自信掌握了现世或来世幸福秘密的人，难免都会有这样的表现。当聚集在一起的人受到某种信念的激励时，也会存在这两个特点。恐怖时代的雅各宾党人，骨子里就像宗教裁判所时代的天主教徒一样虔诚，他们残暴的激情也有着同样来源。

盲目服从、残忍的偏执以及要求狂热的宣传等等，群体的信念有着宗教情感固有的这类特点，这也就是说，群体的信念具有宗教的形式。受到某个群体拥戴的英雄，就是这个群体真正的神。拿破仑当了十五年这样的神，一个更频繁受到崇拜、轻松就把人置于死地的神。无论是基督教的神还是异教徒的神，对处在他们掌握中的头脑，也从未实行过如此绝对的统治。

宗教或政治信条的创立者们之所以能站稳脚跟，无一例外都是因为成功激起了群众想入非非的情感，他们使群众在崇拜和服从中找到了自己的幸福感，随时准备为自己的偶像赴汤蹈火。这在任何时代都概莫能外。菲斯泰尔·德·库朗热[①]在他论述罗马高卢人的优秀著作中正确指出，维持罗马帝国的根本不是武力，而是它所激发出的一种虔诚的敬仰之情。他写道："一种原本该受到民众憎恶的统治，竟能维持五个世纪之久，世界史上还不曾有过类似现象，……帝国的区区三十个军团，竟然能让多达一亿人俯首帖耳，简直不可思议。"我认为当时民众服从的原因在于，皇帝是罗马伟业人格化的象征，他就像神一样受到了人民的崇拜。在罗马帝国疆域之内，即使最小的城镇也有膜拜皇帝的祭坛。"当时，从帝国的一端到另一端，到处都可以看到一种新宗教的兴起，它的神就是皇帝本人。在基督教以前许多年里，六十座城市所代表的整个高卢地区，都建起了和里昂城附近的庙宇相似的纪念奥古斯都皇帝的神殿……其祭司由高卢各城市统一选出，他是当地的首要人物，……把这一切归因于畏惧和奴性是不可能的。整个民族不可能全是奴隶，尤其不可能在长达三个世纪的时间里都是奴隶。崇拜君主的并不只是那些廷臣，而是罗马；不仅仅是在罗马，还有高卢地区、西班牙、希腊和亚洲。"

如今，大多数能支配人们头脑的大人物已经不再拥有圣坛，但他们的雕像还在，或者还有赞美者手里的他们的画像，以他们为对象的崇拜行为，毫不逊色于他们前辈所得到的。只要深入探究一下群众心理这个基本问题，即可破解历史的奥秘。不管群众

① 菲斯泰尔·德·库朗热（1830—1889）：法国历史学家。生于法国，早年在巴黎高等师范学院学习，曾长期担任斯特拉斯堡大学历史系教授。著有《古代城市——希腊罗马宗教、法律及制度研究》《法国起源史》《古代法国的政治制度史》等，其著作与思想对20世纪欧洲思想界产生了广泛而持久的影响。他有关宗教在社会中的作用的研究尤为重要，被视为社会学的先驱。是涂尔干的老师。——译者注

需要的是什么，他们首先需要一个神。

不要以为这不过是过去时代的神话，早已被理性彻底清除。在理性与情感永恒的冲突中，失败的从来就不是情感。群众固然已经很少听到“神”或“宗教”这类词，而在漫长的岁月里，正是以这些的名义奴役着群众。但和过去相比，在过去不到一百年的时间里，他们却从未拥有过如此多的崇拜对象，甚至那些古代的神也没有拥有过这样多的塑像。最近研究大众运动的那些人应该知道，在布朗热主义旗号下，群体的宗教本能要复活是如此容易。在每一家乡村小酒馆里都悬挂着这位英雄的画像。他成了匡扶正义、铲除邪恶的象征，并被赋予了全权，成千上万的人为他献出生命。如果他的性格与他传奇般的名望不相上下，他肯定能成为伟人，并且占据相应的历史地位。

由此可见，完全没必要去确定群众是否需要宗教，因为一切政治、神学或社会信条，要想在群众中扎根，都必须采取宗教的形式，从而把危险的讨论排除在外。即便有可能使群众接受无神论，这种信念也会表现出宗教情感中所有的偏执，它很快就会转化为一种崇拜。实证主义者这个小宗派的演变，为我们提供了不寻常的例证。我想，发生在那个同陀思妥耶夫斯基[①]这位深刻思想家名字联系在一起的虚无主义者身上的事情，很快也会发生在实证主义者身上。这位思想家在某一天受到理性之光启发，撕碎了小教堂祭坛上的神和圣人的画像，他吹灭蜡烛，立刻用无神论哲

① 陀思妥耶夫斯基（1821—1881）：俄国作家，与列夫·托尔斯泰、屠格涅夫等人齐名，是俄国文学的卓越代表。——译者注

学家如毕希纳和莫勒斯霍特[1]的著作代替，然后他又虔诚地点燃蜡烛。他信仰的对象变了，然而能说他的宗教情感也变了吗？

我再说一遍，除非研究群体信念长期采取的宗教形式，否则绝不可能理解一些十分重要的历史事件。对某些社会现象的研究，更需要着眼于心理学，而不是自然主义的角度。而史学家丹纳只从自然主义角度出发去研究法国大革命，因此他往往看不到那些事件的起源。他对事实有充分讨论，但这并不足以能让他找出大革命的起因。事件的血腥、混乱和残忍让他惊恐，他看到了这部伟大戏剧里出现的英雄，却很少能够看到还有一群癫狂的野蛮人放纵自己的本能在胡作非为。这场革命的惨烈，它的肆意杀戮，它对宣传如饥似渴的需求，它向一切事物发出的战争宣言，只有当认识到了这场革命不过是一种新的宗教信仰在群众心中的诞生，才能得到准确的答案。宗教改革、圣巴托洛缪大屠杀[2]、法国的宗教战争、宗教裁判所、恐怖统治[3]时期，都属于同类现象，

① 毕希纳（1824—1899）：德国无神论哲学家、医师，因在《力量与物质》一书中把一切精神活动都解释成物理现象而著名。莫勒斯霍特（1822—1893）：德国生物学家、哲学家，著有《生命的循环》一书，是19世纪重要的唯物主义代表之一。——译者注

② 1572年8月23日，在法国巴黎发生的天主教暴徒对新教徒胡歌诺教派进行的大屠杀。起因是法王之母卡特琳娜与胡歌诺教派首领、海军上将科里尼之间的矛盾。据估计，单单巴黎就有3000人在这一惨案中丧生。——译者注

③ 恐怖统治：又称雅各宾专政。法国大革命时1793年九月至1794年七月间由罗伯斯庇尔领导的雅各宾派统治法国的时期的称呼。雅各宾派（激进共和主义派）在1793年的起义中战胜温和共和主义派，并夺取了政权。该派执政期间实行恐怖政策，将嫌疑的反革命者送上断头台，严格限制物价。该时期有数千人被残忍杀害。但是，雅各宾派执政也为法国历史作出了一些贡献，比如推广教育，提倡宗教自由，废除法国殖民地的奴隶制等。1794年，热月政变爆发，罗伯斯庇尔被斩首，雅各宾专政结束。恐怖统治本意是指当权者利用国家机器将统治对象置于恐怖之中，以达到压制异己的目的。——译者注

都是受宗教情感激励的群众所为，人但凡是怀有这种情感，必然会用火与剑去清除那些反对新信仰的人。宗教裁判所的办法，是一切有着真诚而不屈信念的人所采用的办法。假如他们采用了别的办法，他们的信念也就不该得到这样的评语了。

这些大事件，只有当群众内心想让它们发生时，才有可能发生。即使是最残暴的专制者也无法制造出这类事件。当史学家告诉我们圣巴托洛缪惨案是一个国王所为时，对群体心理的理解，他们表现得和君王们一样无知。这种命令当然能由一位君王发出，但只有群体的灵魂才能贯彻到那样惨绝人寰的程度。握有绝对权力专制的君主，充其量只能加快或延缓群体灵魂的显灵。圣巴托洛缪惨案以及之后的宗教战争，并不完全是国王们的所作所为，就像恐怖统治不全是罗伯斯庇尔、丹东或圣茹斯特[①]所为一样。在这些事件的深处，总可以找到群体灵魂的幽灵。

---

① 罗伯斯庇尔（1758 — 1794）：法国大革命时期政治家，雅各宾专政时期的实际最高领导人。1794 年 6 月 4 日，国民公会全体代表一致推举罗伯斯庇尔为主席。他曾是 1789 年法国三级会议、国民议会代表和雅各宾俱乐部的成员，主张男性普选权及对常见食品实施价格管制，并于 1794 年成功的在法国殖民地废除奴隶制。受到 18 世纪启蒙时代知识分子卢梭和孟德斯鸠等人的影响，罗伯斯庇尔走左派资产阶级路线，反对去基督教化。他坚定地遵守和捍卫他的主张，在当时一度赢得了“不可腐蚀者”的绰号。法国历史学家亚伯特·麻阶在 20 世纪 20 年代把罗伯斯庇尔的名声推至顶点，将他塑造成穷人和被压迫者的辩护人、保皇党和腐败政客的敌人、法兰西共和国的守护者。1794 年 7 月 27 日热月政变发生，次日罗伯斯庇尔被逮捕处决。丹东（1759—1794）：法国大革命时期的活动家，雅各宾专政时期，曾任救国委员会领导者，持温和立场，反对恐怖政治和普遍限价政策，提倡宽大和人道，主张宽容反革命分子，对外与英国议和，由此丹东一派被称为宽容派。1794 年 3 月 30 日，丹东等人被救国委员会逮捕。4 月 5 日，被处决。圣茹斯特（1767—1794）：法国大革命时期雅各宾派领袖之一，雅各宾专政时期任救国委员会委员，是罗伯斯庇尔的得力助手。生性残忍，杀人如麻。当时其名字成了恐怖的代名词。——译者注

# 第二卷

# 群体的观点与信念

# 第 1 章　群体观点与信念中的间接因素

提要：群体信念的准备性因素。（1）种族因素。它的影响至关重要。（2）传统因素。种族精神的综合反映 / 传统的社会意义 / 它在失去必要性后会成为有害因素 / 群体是传统最坚定的维护者。（3）时间因素。它建立信念，也毁灭信念 / 在时间的帮助下从无序走向有序。（4）社会政治制度。错误的认识 / 它们的影响力甚小 / 各民族不能选择自己视为最好的制度 / 相同的制度名称下掩盖着最不相同的东西 / 理论上不好的制度，对某些民族却是必要的。（5）教育因素。关于教育影响群众的错误观点 / 统计学上的说明 / 拉丁民族的教育制度对道德的破坏作用 / 不同民族所提供的事例。

对群体精神结构的研究，让我们了解了它的情感、思维和推理方式。现在，就让我们来看看它的观点和信念是如何形成的。

这种观点与信念的决定因素有两类：间接因素与直接因素。

间接因素是指这样一些因素：这种因素能使群体接受某种信念，并使其无法再接受与容忍别的信念。这类因素为以下情况的出现打下了基础：突然会冒出一些新观念，其威力与带来的结果都让人吃惊。虽然看起来这些新观念的出现是自发性的[①]，但这只是一种表面现象。那些突然爆发并被付诸行动的观念，看似突如其来．实际上背后存在着相当长的一个酝酿与准备的时期。

直接因素则是指这样一些因素：经过一个长时期的酝酿与准备，这些因素能成为说服群体的资源，但必须要是经过一个酝酿与准备的过程，否则它们也不会起作用。这就是说，这些是使观念获得一定形式并能产生一定结果的因素。集体突然开始贯彻的方案，就是由这种直接因素引起的。一次骚乱的爆发，或一个罢工决定，甚至民众授予某人权力去推翻政府，都可归因于这种因素。

在所有重大历史事件中，都可以看到这两种因素相继发生的作用。这里仅以一个最令人震惊的事件为例：间接因素在法国大革命中，是包括了哲学家的著作、贵族的苛捐杂税以及科学思想进步的诸多要素。这些因素经过一个合适的酝酿与准备的时间过程后，等群众耳濡目染并熟悉后，变得很容易被演说家的演讲诱惑，加上朝廷企图用表面化的改良拖延，很容易就被激怒。

有些间接因素具有普遍性，它们是群体信念和观点的基础。

① 自发性的：指不受外力影响而自然产生；同“自觉”相对。指人们未认识、未掌握客观规律时的一种活动。——译者注

这些因素就是种族、传统、时代、各种典章制度和教育。

现在我们就来研究这些因素的影响。

### （1）种族因素

必须要把种族因素列在第一，因为它的重要性远超过其他因素。我在前一本著作[①]中曾对它做过充分研究，所以在此不需要再做详细讨论。在前一本著作中，我说明了历史上的种族有哪些特点，以及它的禀性一旦形成，加入到遗传规律里去后，就会具有了这样一种力量；信仰、制度和艺术，文明中所有成分，都仅是它气质的外在表现。我指出，种族的力量还具有这样的特点，那就是没有任何东西在从一个民族传播给另一民族时，不会发生深刻变化。[②]

环境和各种事件构成一时的社会暗示性因素，它们可能产生相当大的影响，但这种影响如果与种族的暗示因素相悖，也就是说假如这些因素与一个民族世代相传继的因素背离的话，就只能暂时性地存在。

在本书后面一些章节里，我们还会经常触及种族影响这个话题，我会说明这种影响强大到决定着群体精神的特征[①]。这造成的结果是，不同国家的群体表现出相当不同的信念和行为，受影响

① 指《民族进化的心理定律》。下文中提及到“作者的前一本著作”时，如无说明，则均指此书。——译者注

② 这一主张仍然相当很有新意，而没有它，历史就会变得不可理解。我在自己的前一本著作《民族进化的心理定律》中用了四章篇幅对它进行了阐述，并加以证明这一点。读者可以从中看到，尽管存在那些让人上当的表象，不管语言、宗教还是艺术，总之，文明中一切要素，都不能原封不动地从一个民族转移给另一个民族。

① 群体精神：在这里主要指群体自身的全部本质。——译者注

的方式也各不相同。

### （2）传统因素

传统由过去的观念、欲望和情感构成。它们是种族综合作用的产物[①]，并且对我们发挥着巨大影响。

自从胚胎学证明了时间对生物进化的巨大影响后，生物科学便发生了变化；如果这种理论更加广为人知，历史科学想必也会出现类似的变化。然而目前它尚未得到足够的普及，许多今天的政客同 20 世纪的学究们相比，仍然高明不了多少，他们相信社会能够和自己的过去决裂，完全能遵照理性之光的指引前行。

民族是在历史中形成的一个有机体，因此就像其他有机体一样，变化只能通过缓慢的遗传积累过程发生。

传统支配着人的精神与行为，当人组成群体后更是如此。他们能给传统造成的变化，如我一再指出的那样，仅是一些名称和外在形式。

对此大可不必感到遗憾。因为脱离了传统，不论民族性还是文明，都不可能存在。因此，有史以来，人类就一直有着两大关切，一是建立某种传统结构，二是当文明成果开始分崩离析时，努力摧毁这种传统。没有传统，文明是不可能存在的；而没有对传统的破坏，文明的进步也是不可能的。困难在于如何在稳定与求变之间取得平衡。如果一个民族的习俗变得过于牢固，它便不会再发生变化，于是就像中国一样，失去改进能力。在这种情况下，暴力革命也没多少用处，因为由此造成的结果只有两种：要

① 种族综合作用的产物：指把分别独立的因素或物质连接融合起来，最终形成一个连贯的复杂的整体。——译者注

么是把打碎的锁链重新拼接一次，让过去原封不动地再现；要么就是对被打碎的事情撒手不管，衰败很快会导致无政府状态。[①]

由此可见，对一个民族来说，理想状态是既能保留过去的制度，又能以不易察觉的渐进方式加以改造。这是个非常难以实现的理想。历史上成功做到的几乎只有古罗马人和近代英国人。

死抱传统不放，顽固反对变革的正是群体。尤其是那些拥有不动产的群体。我坚持认为群体具有保守主义精神，并且指出，最狂暴的反叛最终也只会造成一些嘴皮子上的变化。20世纪末，教堂被毁，僧侣们或是被驱逐出国，或是殒命于断头台，人们也许认为，旧日的宗教观念已失去影响力。但没过几年，为了顺应普遍的要求，遭禁的公开礼拜制度便又建立了起来。[②]

看似已被消灭的旧传统，又轻易恢复了往日的影响。

没有任何事例足以完全展示传统对群体心灵的影响力。最不受怀疑的偶像并不住在庙堂之上，也不是宫廷里那些最专制的暴君，这些都会转瞬之间就被打碎。支配我们内心深处灵魂的，是一些看不见的主人，它可以安全地避开一切反叛，只在数百年的时间长河里被慢慢磨损。

---

① 后来这两者也都成为了现实，预言也得到了证实，即是袁世凯的称帝和后来的军阀混战乱世。——译者注

② 丹纳引用过前国民议会议员福克罗伊的报告，最清楚地说明了这一点：“各地都可以看到保留礼拜日和上教堂的现象，这证明了大多数法国人希望回到他们的老习惯上去，也证明了抗拒这种天然倾向是不合时宜的。……大多数人都需要宗教、公开的礼拜仪式和僧侣。认为有可能通过普及教育清除宗教偏见，这不过是些连我本人也一度受其误导的哲学家的谬论。宗教偏见是大量不幸的人求得安慰的来源……因此必须允许广大民众有他们的牧师、圣坛和公开的礼拜仪式。”

### （3）时间因素

时间对于社会问题就像对生物学问题一样，是最有力的因素之一。它是唯一的创造者，也是唯一的毁灭者。积沙成塔要靠时间，从地质时代[①]模糊难辨的原核细胞到高贵的人类产生，靠的也是时间。数百年的作用足以改变很多固有的现象。如果蚂蚁有充足的时间，也能把勃朗峰[②]夷为平地。如果谁能够获取随意改变时间的魔法，他就拥有了信徒们赋予上帝的那种绝对权力。

但这里我们只来讨论时间对群体观点形成的影响。从这个角度看，它也有着巨大的作用。一些重大的因素，譬如种族，也只能是在时间中才能形成。一切信仰在它之中诞生、成长和死亡。赋予它们力量的是时间，让它们失去力量的也是时间。

群体观点和信念由时间装备起来，或者至少为它们准备了生长的土壤。一些观念实现于一个时代，却不能实现于另一个时代，原因就在这里。时间把各种信仰和思想的碎屑堆积成山，使某个时代能够产生出它的观念。这些观念的出现并不是像掷骰子，它们都深深植根于漫长的过去。当它们开花结果时，是时间为它们做好了准备。如想了解它们的起源，就必须向后回顾。它们既是历史的儿女，又是未来的母亲，然而也永远是时间的奴隶。

因此，时间是最可靠的主人，为了能看到一切事物最终如何

---

① 地质时代：是地质学专业术语，可分为太古代、元古代、古生代、中生代和新生代5个时期。指只能用地质学方法来测定的冰期和冰期以前的时代。——译者注

② 勃朗峰：又译为白朗峰，是阿尔卑斯山的最高峰，也是西欧的最高峰。法语意思是“银白色山峰”，位于法国的上萨瓦省和意大利的瓦莱达奥斯塔的交界处。——译者注

变化，只有等着时间来做出决定。如今面对群众让人恐怖的抱负，还有这种抱负所预示的即将到来的骚乱与摧毁，我们深感不安。要想让平衡得到恢复，只能等待，因为除了依靠时间，再无他法。拉维斯[①]先生说：

> “没有哪种统治可以在一夜间建立起来。政治和社会组织需要数百年才能打造出来。封建制度在建立起它的典章前，就历经了数百年的混乱。绝对君权也是存在数百年后，才形成统治的成规。等待的时期总是极为动荡的。”

（4）社会政治制度

制度能纠正社会的弊端，国家的进步是制度不断改进与有效统治的结果，社会变革可以靠颁布命令来实现；我始终认为这些想法仍受普遍赞同。它们是法国大革命的起点，而且目前各种社会学说也仍以它为基础。

无论怎样具备连续性的经验，也一直未能动摇上述这个巨大的谬见。哲学家和史学家们想证明它的荒谬总是枉费心机，不过他们却可以毫不费力地证明，制度是观念、情感和习俗的产物，但观念、情感和习俗并不会随法典的改变而改写。一个民族并不

① 拉维斯（1842—1922）：法国历史学家，强调实证主义研究。因法国在普法战争中战败，注重研究德国史，认为普鲁士的崛起和德意志的统一在于高等教育的发展，主张改革法国高等教育。著有《德意志的三个皇帝》、《普鲁士君主制起源的考察》。另与朗博等人合编《通史：从四世纪到现代》(十二卷)、《法国史：从建国到大革命》(九卷)、《法国现代史：从大革命到1919年巴黎和约》(十卷)等。——译者注

能随意选择自己的制度，就像它不能随意选择自己的头发和眼睛的颜色。制度和政府都是种族的产物，它们并不是时代的创造者，而是由时代所创造的。对各民族的统治，不是根据他们一时的奇思怪想，而是他们的性质决定了他们要被如何统治。政治制度的形成需要上百年时间，改造它也同样如此。各种制度并没有固有优点，无所谓好坏。在特定的时期对一个民族有益的制度，对另一个民族也许极为有害。

实际上一个民族并没有真正改变自己社会制度的能力。毫无疑问，借暴力革命之手，它可以改变名称，但本质却依然如故。名称不过是些无用符号，历史学家在深入到事物深层时，很少会留意它们。正是因为如此，英国这个世界上最民主的国家[①]反倒仍生活在君主制下，而经常表现得最嚣张、最具压迫性的专制制度，却是存在于那些尽管有共和制宪法，原属西班牙的一些共和国里。决定民族命运的是民族的性格，而不是它的政府。我曾在前一本书中，通过典型事例证实了这一观点。

把时间浪费在炮制这样那样理论上貌似完善先进的宪法上，就像小孩子的游戏，纯属无知的修辞学家毫无意义的劳动。必要性和时间承担着完善宪政的责任，最明智的就是盎格鲁-撒克逊人采用的办法——让这两个因素都发挥作用。正像他们伟大的史学家麦考利[②]告诉我们的那样，拉丁民族各国的政客们应当诚心学

① 甚至最先进的美国共和国都承认了这个事实。英国杂志《论坛》最近典型地表达了这种看法。我从1894年12月的一期《评论之评论》上把这段话转引如下：“绝对不应忘记，即使是那些贵族制最激烈的敌人看来，英国也是天下最民主的国家，这个国家的个人权利受到最大尊重，个人拥有最大自由。”

② 麦考利（1800—1859）：英国政治家、历史学家、诗人、法律专家、自由党人，曾任下议院议员，著有《英国史》。——译者注

习这种方法。他指出，法律所能取得的好处，从纯粹理性的角度看，表现为荒谬与矛盾；他对拉丁民族一拥而上制定出来的宪法文本与英国的宪法进行了比较。他指出，后者是循序渐进的产物，影响来自现实的必要性，而不是思辨的推理：

> “从来不考虑是否严谨对称，更多是考虑它是否实用；从来不单纯以不一致为理由去消除不一致；除非感到刻不容缓，绝对加以变革；除非能消除缺陷，绝不进行革新；除了针对具体情况必须提供的条款外，绝对不制定任何范围更大的条款[1]。这些原则，从约翰国王时代直到维多利亚女王的时代，一直支配着我们250年的议会，使它变得从容不迫。”

要想说明各民族法律和各项制度在多大程度上表达着种族的需要，没必要对其进行粗暴变革，只需要对它们逐一进行审查。例如，对集权制的优点和缺点，可以专注于哲学上的考究。但是，当我们看到，一个由不同种族构成的民族用了一千年时间来维护这种集权制；当我们看到，一场目的在于摧毁过去一切制度的大革命也不得不尊重这种集权制，甚至使它进一步强化，在这种情况下，我们就该承认它是迫切需要的产物，承认它是这个民族的生存条件。对于那些奢谈毁掉这种制度的政客，我们应当对他们的智力报以怜悯。如果碰巧做成了这件事，他们的成功立

① 英、美法系属于判例法，与大陆法系不同，前者更注重具体的案例而不是抽象条款。——译者注

刻会带来一场残酷的内战[1]，这又会是比旧政权更具压迫性的新集权制度。

综上所述，有效影响群体禀性的方法，在制度中是找不到的。否则也不会出现这样的现象，有些国家譬如美国，在民主制度下取得了高度繁荣，而另一些国家，譬如那些原属西班牙人的共和国，在极为相似的制度下，却生活在悲惨混乱状态中。应当承认，制度与一个民族的伟大和另一个民族的衰败毫不相干。各民族受着它们自己性格的支配，凡是与这种性格不合的模式，都不过是件借来的外套，一种临时伪装。当然，为强行建立某种制度而进行的血腥战争和发起的暴力革命一直都在发生，也还会继续发生。人们就像对待圣徒遗物[2]那样对待这些制度，幻想这些制度拥有能创造幸福的超能力。因此，从某种意义上来说，是制度反作用于群体的头脑，才引发了这些大动荡。然而并非制度自身以这种方式产生的反作用，因为不管成功与失败，制度本身并不具有那样的能力。影响群众头脑的是各种幻想和词语，尤其是词语，它们的强大一如它们的荒诞。下面我就简单揭示一下词语令人吃惊的影响。

① 对大革命时期划分法国各政党的一些深刻的宗教和政治分歧，尤其是有关社会问题的结论以及法德战争期间再次表现出来的一些分裂主义倾向作一比较，就会发现法国的不同种族还远没融合在一起。革命时期强大的集权制和一些人为的部门，注定要把古老的省份合并起来，这是它一项有益的成就。如果让今天那些缺乏远见的头脑所热衷的分权制得到实现，就会引起最血腥的混乱。忽视这个事实，等于是对法国全部历史的视而不见。

② 圣徒遗物：是神学概念，是经天主教教会批准、可供信众敬礼的物品。有两个含义：狭义上指列入圣品和真福的圣人的遗体、遗骨；广义上指圣人生前的用品（如衣、床）或触及他们遗体的物品。这里是表示在广大信众眼中具有神圣的意义，值得尊崇礼拜之意。——译者注

## （5）教育因素

当前这个时代，首当其冲的是这样一种观念，即认为教育能使人改变，并且是万无一失的改造，甚至能赋予人以平等。这种观念被重复强调，最终成为最牢固的民主信条。如今要想击败这种观念，就像过去击败教会一样困难。

但像在许多其他问题上一样，在教育这个问题上，民主观念与心理学以及生活经验得出的结论存在难以弥合的差异。包括赫伯特·斯宾塞在内的许多杰出哲学家，早已证明教育既不会使人变得更道德，也不会使他更幸福；既不能改变人的本能，也不能改变人天生的情感，而且有时稍微出现偏差，就会有害大于有益。统计学家为这种观点提供了佐证，他们告诉我们，犯罪随着教育，至少是某种教育的普及而增加，社会上一些最坏的敌人，也是在学校获奖者名单上有案可查的人。一位杰出的官员，阿道夫·吉约先生在最近一本著作里指出，目前受过教育的罪犯和文盲罪犯是 30∶100，在五十年的时间里，人口中的犯罪比例从每十万居民 227 人上升到了 552 人，即增长了 143%。他也像他的同事一样注意到，年轻人犯罪增长得尤其多，而尽人皆知的是，法国为了他们，已经用免费义务制教育取代了交费制。

当然这不等于是说，即使正确引导的教育，也不会带来有益的结果；谁也没坚持过这种主张。就算它不会提升道德水平，至少也会有益于专业技能的发展。不幸的是，尤其在过去的二十五年里，拉丁民族把它们的教育制度建立在了错误原则上，尽管一些杰出的人，如布吕尔①、库朗热、丹纳等提出了观点，它们依然

---

① 布吕尔（1832—1915）：法国社会学家、哲学家、民族学家，法国社会学年鉴派的重要成员。生于莱茵河畔巴伐利亚地区的兰道，他通常被认为是现代符号学的创立者。著有《孔德的哲学》《伦理学与道德科学》等。——译者注

不思悔改。我本人在过去出版的一本书中指出，法国的教育制度把多数受过这种教育的人变成了社会的敌人。

它可能很适合拉丁民族，但这种制度的一个主要危险在于，它以根本错误的心理学理论为基础，认为人的智力是可以通过教科书来改善的。由于接受了这种观点，人们开始强化许多手册中的知识。从进入小学一直到离开大学，一个年轻人只需要死记硬背，从来也不需要他的判断力和个人主动性。所受教育对他就是背书和服从。

前公共教育部部长朱勒·西蒙先生这样写道："通过课程学习，把一种语法或一篇纲要牢记在心，重复得好，模仿也出色；这实在是一种可笑的教育方式，它把学生学习变成一种信仰行为，即默认课本与教师的绝对正确。这种教育的结果，就是贬低自我，让人变得无能。"

这种教育要是仅仅无用，人们还可以对孩子们表示同情，他们虽然没在初级学校学到什么东西，至少知道了一些例如克洛迪奥[①]后裔的族谱、纽斯特里亚和奥斯特拉西亚[②]之间的冲突，或动物分类之类的知识。但这种制度的危险要比这严重得多，它让服从它的人变得厌恶自己的生活状态，强烈想要逃脱出去。工人不想再做工人，农民不想再当农民，而大多数地位低下的中产阶级，

① 克洛迪奥（约 497—561）：法兰克王国墨洛温王朝的开创者克洛维一世的幼子，原为苏瓦松国王，后来先后吞并三位亡兄的奥尔良王国、兰斯王国和巴黎王国的领土，又吞并整个勃艮第王国，成为第二位统一法兰克王国的国王，但他去世之后统一的王国被他的儿子们再次瓜分。——译者注

② 纽斯特里亚，古法兰克王国，位于今天法国的西北部。公元 687 年，被并入奥斯特拉西亚（古法兰克王国，位于今天法国的东部）。纽斯特里亚和奥斯特拉西亚也被称为西法兰克王国和东法兰克王国。公元 751 年，奥斯特拉西亚被并入大法兰克王国。墨洛温王朝覆灭，法国进入加洛林王朝时代。——译者注

除了靠国家吃饭的国家职员，不想让他们的儿子从事任何别的职业。法国的学校不是让人为生活做好准备，而是让他们只为成为政府职员做准备，除此之外再无别的志向，更不需要他们有哪怕一点个性。这种制度在社会底层制造了一支无产阶级大军，他们对自己的命运愤愤不平，随时都想起来造反。在最高层，它培养出一群轻浮的资产阶级，这个阶级的成员既多疑又轻信，迷信国家权力的无所不能，但又不忘经常对国家表示敌意，把自己的过错推给政府，离开了当局，就一事无成。

国家用教科书制造出大量拥有文凭的人，可能利用的只是其中很小一部分，另一些人则无事可做。国家把饭碗留给了先来的那些人，剩下的全都成了它的敌人。在整个社会的金字塔，从最高层到最低层，从小秘书到教授和警察局长，大量拿着文凭的人都在抢着政府各个部门的各种职位。商人想找到一个能代理殖民地生意的人难上加难，可成千上万的人却在谋求最平庸的官差。只在塞纳一地，就有二百名男女教师失业，他们全都看不起农田或工厂，一心只想从国家讨得生计。被选中的人数有限，自然就有大量的人心怀不满。他们随时会参与任何革命，不管领袖是什么人，也不管是什么目的。这也就是说，掌握一些派不上用场的知识，是让人造反的最佳办法。[①]

---

① 这种现象在中国也可以看到，因此这并不是拉丁民族所特有的。就像法国一样，中国这个国家的权力也掌握在等级森严的士大夫手里，在那里也要经过考试才能取得官职，而对大量典籍的轻松背诵，就是它所检验的唯一内容。不过在今天被视为真正民族灾难的，正是这支受过教育的无业大军。同样，自从英国人为给当地居民提供教育而开放教育，而不是为了教育之外的目的而开放教育以来，“印度绅士”这样一个受过教育的特殊阶层，因为得不到雇用，便成为英国统治的不妥协的敌人，他们受到的教育的第一个结果就是降低了他们的道德标准。我在自己的《印度的文明》一书中，曾用大量篇幅来说明这一事实，而且这个事实也被所有造访过这个大半岛的作家都注意到。

显然，亡羊补牢，为时已晚。经验这位最好的老师，会揭示我们的错误。只有它能够证明，必须废除我们那些可恶的教科书和可悲的考试，代之以实用有效的教育，劝导我们的年轻人回到田野和工厂，进入他们今天不惜代价逃避的殖民地事业。

人们需要的专业教育，是我们先辈所理解的教育。今天，在那些靠自己意志力、开拓力和创业精神统治世界的民族，这种教育依然强盛。丹纳先生这位伟大的思想家，用一系列篇章（下面我还会引用其中一些重要段落）清楚证明了，我们过去的教育制度与今天英国和美国的大体相似。他在对拉丁民族和盎格鲁-撒克逊民族的制度进行比较后，明确指出了这两种方式的后果。

不得已的情况下，人们会认为只能继续接受我们传统方式的教育，忍受这种教育方式的弊端，尽管它也许只能培养出心怀不满和不能适应自己生活状况的人，但灌输大量尽管肤浅的知识，背诵下大量教科书，毕竟能多少提高人的智力水平。但它真能提高这种水平吗？不可能！生活中取得成功的条件是判断力，是经验，是开拓精神和个性；这些素质都不是书本能带来的。教科书和字典是有用的工具，但把它们放在脑子里没有任何用处。

如何能通过专业教育提高人的智力，使它能超过传统教育的水平呢？丹纳先生做过非常出色的阐述，他说：

“只有在自然而正常的环境中，正确的观念才能形成。要促进观念的培养，需要年轻人每天从工厂、矿山、法庭、书房、建筑工地和医院获得大量的亲身体验；他需要亲眼看到那些工具、材料和具体操作；他需要与顾客、工作者和劳动者在一起，不管他们干得是好是坏，也不管他们是赚是赔。采用这种方式，他们才能对那些只能通过眼睛、耳朵、双手甚至味觉等去感受到的细节有所了解。在不知不觉中获得了这些细节，仔细琢磨，在心中逐渐成形，迟早会产生出一些提示，让他们开始着手新的组合、简化、创意、改进或发明。而法国年轻人恰恰在最能出成果的年纪，被剥夺了宝贵的实践机会，丧失了很多不可或缺的学习因素，因为有七八年时间被关在学校，切断了亲身体验的可能，因此对于世间的人和事，对于控制这些人和事的各种办法，无法得到直观而准确的理解。

"……十个人里，有九个人把他们一生中最宝贵、最重要、最具决定性的几年时间浪费掉了。他们中间有一半甚至三分之二的人，那几年里是为考试而活着——我指的是那些被淘汰者。还有一半或三分之二成功得到了某种代表学历的一纸文凭——我指的是那些超负荷工作的人。在规定的某一天，坐在一把椅子上，面对一个答辩团，在连续两小时的时间里，怀着对科学家团体，他们内心代表人类知识的活清单的敬畏，做出符合要求的正确答案——这种期望实在太过分了。在那一天的那两个小时里，他们也许正确或接近正确，但用不了一个月，他们便不再是这样。他们不可能再通过考试。他们脑子里那些过多的、过于沉重的所学不断流失，没有新东西补充进去。他们的精神活力衰退了，继续成长的动力枯竭，一个得到了充分发展的机会，但已经筋疲力尽。他成家立业，落入生活的俗套，而只要落入这种俗套，他就会

> 把自己封闭在狭隘的职业中，工作也许还算本分，但仅此而已。这就是平庸的生活，收益和风险不成比例的生活。而在1789年以前，法国采用的是跟英国、美国一样的办法，由此得到的结果并无不同，甚至更好。”

此后，一些著名心理学家又继续向我们说明了我们的制度与盎格鲁-撒克逊人的差别。后者并没有我们这样多的专业学校[①]。他们的教育建立在专业课程而不是死记硬背上。最典型的例子是，他们的工程师是在车间而不是学校训练出来的。这种办法能让每个人都充分发挥他的智力潜力。如果他没有进一步发展的能力，他可以成为工人或领班，如果天资不俗，他会成为工程师。与一个人的前程取决于他在19岁或20岁时一次几小时考试的方法相比，这种办法更民主，对社会也更有利。

> “在医院、矿山和工厂，在建筑师或律师的办公室里，十分年轻便开始学业的学生们，按部就班地经历他们的学徒期，非常类似于办公室里的律师秘书或工作室里的艺术家。在投入实际工作前，他有机会接受一些一般性教育过程，因此已经准备好了一个框架，可以把他们观察到的东西储存进去，还能利用空闲时间得到各种技能的训练，由此同他所获得的日常经验协调一致。在这种制度下，实践能力得到了充分肯定，与学生的才能相适应，发展方向也符合未来的需要和特定工作的要求，这些工

① 专业学校：指给智障、残疾儿童开办的学校。作者泛指死记硬背、刻板式教育的学校都可以视为专业学校。——译者注

作就是他今后要从事的工作。因此在英国或美国，年轻人很快就能处在可以发挥自己能力的位置上。到25岁时（如果不缺少各种材料和部件，时间还会提前）他不但能成为一个合格的工作者，还具备了自我创业的能力；他不只是机器上的一个零件，而是台发动机。在制度与之相反的法国，一代又一代人却越来越向中国看齐——由此造成人力巨大的浪费。”

关于我们拉丁民族的教育制度与实践生活不断扩大的鸿沟，这位伟大的哲学家得出了如下结论：

“在教育的三个阶段——儿童期、少年期和青年期里，我们的学生为了应对考试、学历、证书和文凭，待在学校板凳上学理论、背教科书的时间有点过分漫长与沉重。即使仅从应试的角度来看，采用的方法也是糟糕的，是一种违背自然、社会规律的方法。我们的学校寄宿制度，采用机械的训练和填鸭式教学，过多地延长实际学徒期，功课过重。完全不考虑未来，不考虑年轻人很快就要投身其中的现实世界，不考虑我们必须适应或提前学会适应的社会，不考虑人类为保护自己而必须从事的斗争，不考虑一个人为了立足于世界，需要提前得到装备、武器和训练以及坚强的意志。这些不可缺少的装备，这种最重要的学习，这种丰富的常识和意志力，我们的学校全都没有教给法国的年轻人。它不但远远没让他们获得生存所需的素质，反而破坏了这种素质。因此从他走进这个世界之日起，他只会遇到一系列痛苦的挫折，给他造成难以痊愈的创伤，甚至失去生活能力。这个过程对人的精神和道德的均衡产生了不良影响，能否恢复难以预料。十分突然而彻底的幻灭已经发生了。这种欺骗太严重，失望太强烈了。”①

上述内容，是否偏离了群体心理学的主题？我相信并非如此。如果我们想知道今天正在群众中酝酿、明天就会出现的各种想法和信念，就必须对它生长的土壤有所了解。教育能使一个国家的年轻人了解这个国家的过去与未来。但我们国家为当前这一代人提供的教育，让人灰心丧气。在改善或恶化群众头脑上，教育发挥了一部分作用。因此可以由此了解，一种头脑是如何由当前的教育制度培养出来的，冷漠而中立的群众是如何变成一支心

① 以上文字摘自于丹纳所著的《现代政体》第二卷，1894 年。这些段落令人敬佩地体现着这位伟大哲学家漫长的人生经验，它们几乎是丹纳写下的最后文字。在我看来，我们那些只是生活在国内的大学教授，对它们完全难以理解，显然这非常不幸，教育是我们从一定程度上对国民心智能够产生影响的唯一手段。但是，没有任何一个法国人能够认识到，造成我们衰败的一个重要原因正是我们现在的教育制度，它非但对我们的年轻人没有任何提升作用，反而把他们变得堕落而低贱，想到这一点就会让人痛心疾首。

可以把丹纳的这些话与最近法国文学家保罗·布尔热（1852—1935，第一次世界大战前后，保守派文人的代表。——译注者）在其《海外》这本杰作中对美国教育的观察做了一个比较。保罗·布尔热也指出我们的教育制度只会培养缺乏开拓精神和意志力，头脑狭隘的无政府主义者或资产阶级，他们无疑“是两种同样有害的文明人，只会陷入无关痛痒的老生常谈或肆无忌惮的破坏”。然后他对美国那种能让人为生活做好出色准备的学校和法国目前制造退化工厂的公立学校做了一番比较，我认为这个问题非常值得大家反思。那些嘴上自称民主但思想糊涂的国家与真正的民主国家之间的巨大差别，通过比较而暴露无遗。

怀不满的大军，随时打算接受乌托邦分子[①]和能言善辩者的暗示。今天，能够找到社会主义者的地方正是教室，为拉丁民族走向衰败正在铺平道路的，也是教室。

① 乌托邦：本意是“没有的地方”或者“好地方”。它一般用来描写任何想象的、理想的社会或延伸为还有理想，不可能完成的好事情。有时它也被用来描写社会试图将某些理论变成实现的尝试。往往乌托邦也被用来表示某些好的，但是无法实现的（或几乎无法实现的）建议、愿望、计划等。——译者注

## 第2章　群体观点的直接因素

提要：（1）关键词、套话和形象。词语和套话的神奇力量/词语的力量与它所唤起的形象有关，但独立于它的真正含义/这些形象因时代和种族而各有不同/常用词语含义多变的实例/给旧事物更换名称的政治效用/种族差别造成的词义变化/“民主”一词在欧洲和美国的不同含义。（2）幻觉。它的重要性/在所有文明的起源中都能发现幻觉/群体更喜欢幻觉而不是真理。（3）经验教训。只有经验能够使必要的真理在群众心中生根/经验只有不断地重复才能生效，说服群众必须付出的经验代价。（4）理性。它对群体没有任何作用/群体只受无意识情感的影响/逻辑在历史中的作用/发生不可思议的事情的秘密。

刚才讨论了赋予群体心理以特定属性，使某些情感和观念得以发展的间接性准备因素。现在，我们要开始研究直接发挥作用的因素。在下面这一章里我们会讨论，想要让这些因素充分发挥作用，应当如何运用它们。

在本书的第一部分我们研究了集体情感、观念和推理方式，据此，我们可以从影响他们心理的方法中，归纳出一些一般性原理。我们已经知道了什么能刺激群体想象力，也了解了暗示，特别是那些以形象的方式出现的暗示具有的力量和强大的传染性。但正像暗示可以来自不同的来源一样，对群体心理产生影响的因素也相当不同，因此必须对它们进行分门别类。群体就像古代神话中的斯芬克斯[①]，必须对它给出一个心理学的答案，不然就会被它毁掉。

### （1）关键词、套话和形象

在研究群体想象力时已看到，这种想象力特别容易受到形象产生的印象左右。这些形象不一定随时都有，但可以利用一些词语或套话，巧妙地激活它们。经过艺术化处理后，它们就会具有神奇的力量，能在群体心中掀起可怕的风暴，反过来，它们也能平息风暴。因各种词语和套话而死去的人，只用他们的尸骨，就能建造一座比古老的齐奥普斯[②]更高的金字塔。

词语的威力与它们所唤醒的形象有关，同时又独立于它的真实含义。最含混的词语，有时反而具有更大影响。例如像民主、社会主义、平等、自由等等，它们的含义模糊，即使一大堆专著也不足以确定所指。然而这区区几个词语有着神奇威力，似乎是解决一切问题的灵丹妙药。各种极不相同的潜意识中的抱负及其实现的希望，全被它们汇聚起来。

说理与论证从来就无法战胜词语和套话。它们是和群体一起隆重上市的，人们只要一听到它们，就会肃然起敬，屏息而立。许多人把它们当作是来自自然甚至超自然的力量。它们能在人们心中唤起宏伟壮丽的幻象，正是由于含混不清，才使它们拥有了

① 斯芬克斯：古埃及和古希腊神话中的狮身人面怪兽。传说只要是过路者都要回答他出的一个谜语（如“一物出生时四足，长大后两足，最后三足，此为何物”——人），如果答不出来，就会被他吃掉。——译者注

② 齐奥普斯：公元前3—4世纪的埃及法老，在位期间曾给自己建造了最大的金字塔，即胡夫金字塔。——译者注

一股神秘力量。它们是藏在圣坛背后的神灵，信众只要一靠近，就会浑身颤抖，内心感到畏惧。

词语唤起的形象独立于它的含义。这些形象因时而异，因民族而异。但套话不会变，有些暂时的形象是对应着相关词语的：词语就像是用来唤醒它们的电铃按钮。但并非所有词语和套话都有唤起形象的力量。

还有些词语在一段时间里有这种力量，但在使用过程中也会失去这种力量，不会再让头脑产生任何反应。这时它们就变成了空话，其主要作用是让使用者免去思考的麻烦。用我们年轻时学到的少量套话和常识把自己武装起来，我们便拥有了应付生活所需要的一切，再也不必对任何事情进行思考。

只要研究一下某种特定语言，不难发现它的那些词语在时代变迁中的变化很慢，但这些由词语唤起的形象，被人们赋予的含义，不停发生着变化。我在另一本书中说过，准确翻译一种语言，尤其是那些死亡了的语言，是绝不可能的。当我们用一句法语来取代一句拉丁语、希腊语或《圣经》里的句子，或打算理解一本二三百年前用我们自己的语言写的书，我们实际是在做着用现代生活赋予我们的一些形象和观念，代替另一些过去的形象和观念，它们是古代一些种族头脑中的产物，这些人的生活状况与我们没有任何相似。大革命时代的人以为自己是在模仿古希腊和古罗马人，但除了把从没有存在过的含义赋予古代的词语外，他们还能做些什么呢？

希腊人的制度与今天用同样词语设计出的制度有何相似之处？那时的共和国本质上是一种贵族统治的制度，是由一小撮团结一致的暴君统治着一群绝对服从的奴隶。这些建立在奴隶制上的贵族集体统治，若没了奴隶便一天也不能存在。

“自由”这个词也是如此。在一个从未想过存在思想自由可能性，讨论城邦诸神、法典和习俗就是不寻常的严重犯罪的地方，“自由”的含义与我们今天赋予它的含义有何相似之处呢？像“祖国”这样的词，对雅典人或斯巴达人来说，除了指他们各自的城邦，还能有别的含义吗？当然不可能是那个由彼此征伐不断的敌对城邦构成的希腊。由相互敌视的部落和种族组成的，有着不同语言和宗教的古代高卢，“祖国”这个词又能有什么含义呢？恺撒之所以能轻易征服它，正是因为他总能找到盟友。是罗马人缔造了一个高卢人的国家，他们使这个国家形成了政治和宗教上的统一。更近一点，就在二百年前，今天法国各省对“祖国”一词的理解，与那位伟大的孔代[①]亲王——他和外国人结盟反对自己的君主——是同样的吗？然而词还是那个词。过去跑到外国去的法国保皇党人，认为自己反对法国是出于气节，原因是他们认为法国已经变节，因为封建制度的法律是把诸侯同主子而不是土地联系在一起的，因此有君主在，才有祖国在。可见，祖国对于他们的意义，与现代人大不相同。

随着时代变迁发生深刻变化的词语比比皆是。我们对它们的理解，只能达到过去经过了漫长努力所能达到的水平。有人曾十分正确地说，即使想知道“国王”“王室”这种称谓对我们曾祖父一辈意味着什么，也需要做大量研究。更为复杂抽象的概念会出现什么情况可想而知。它们过去具有的，以及精神状态有所不同的个人给予它们的含义。

① 孔代（1621—1686）：“孔代”是个姓氏，是法国波旁家族的重要支系。本文提到的“大孔代”，曾发动反对王室的叛乱，失败后避居西班牙。——译者注

因此，当群体因政治动荡或信仰变化，厌恶某些词语唤起的对某些事物形象的联想，而这些事物因与传统结构紧密联系无法改变时，一个真正政治家的当务之急，就是在不损害事物本身的同时变换名称。聪明的托克维尔①很久前就说过，执政府和帝国②的具体工作，就是用新名称把大多数旧制度重新包装一遍，这就是说，用新名称代替那些可能激起群众对过去痛苦经历的回忆的名称。例如把"地租"变成了"土地税"，"盐赋"变成了"盐税"，"徭役"变成了间接摊派，商号的营业税和行业管理税变成了执照管理费，如此等等。

可见，对流行用语，或至少对再没有人感兴趣、民众已经不能容忍其旧名称的事物保持警觉，是政治家最基本的任务之一。名称的威力如此强大，如果选择得当，它足以使最可恶的事物改头换面，变得能被民众接受。丹纳正确指出，雅各宾党人正是利用"自由"和"博爱"这种当时十分流行的概念，才"建立起堪与达荷美③媲美的暴政，建立起和宗教裁判所相类似的审判台，干出与古墨西哥人相差无几的人类大屠杀这种成就。"统治者的艺术，就像律师的艺术，首先在于对辞藻的驾驭。这门艺术遇到的最大困难之一，就是在同一个社会，同一个词在同一个社会的不同阶层往往有不同的含义，表面上看用词相同，其实是在表达不同的意思。

以上事例说明，时间是促成词语含义发生变化的主要因素。

---

① 托克维尔（1805—1859）：法国历史学家、政治家，社会学（政治社会学）的奠基人。主要代表作有《论美国的民主》《旧制度与大革命》。——译者注

② 拿破仑在称帝前就是法国的第一执政官。——译者注

③ 达荷美：位于非洲西部。17 世纪建立的西非封建国家。19 世纪末沦为法国殖民地。现称"贝宁共和国"。——译者注

我们再考虑到种族因素，就会看到，同一时期，在教养相同但种族不同的人中间，相同的词也经常与极不同的观念相对应。如果不是见多识广，不可能理解这些差别，因此我不会纠缠在这个问题上。我只想指出，正是群众使用最多的那些词，在不同的民族中有着最不同的含义。例如今天使用如此频繁的“民主”和“社会主义”，就属于这种情况。

实际上，上述这些词语，在拉丁民族和盎格鲁-撒克逊民族中代表着对立的思想。在拉丁民族看来，“民主”更多是指个人意志和自主权对国家所代表的社会意志和自主权的服从。国家日渐支配一切，越来越集权、垄断并制造一切。不管是激进派、社会主义者还是保皇派，一切党派都求助于国家。而在盎格鲁-撒克逊区域内，尤其是在美国，“民主”一词却是指国家意志对个人意志的依赖，它的发展也依赖于个人意志的实现，除了政策、军队和外交，国家不能支配任何事情，甚至公共教育也不例外。由此可见，同一个词，在一个民族是指个人意志和自主权对国家的从属性，在另一个民族则是指国家对个人意志的服从。[①]

（2）幻觉

自从文明诞生以来，群体就处在幻觉影响之下。人们为制造幻觉的人建庙塑像，设立祭坛，超过对所有其他事物。不管是过去的宗教幻觉还是现在的哲学和社会幻觉，幻觉这种拥有无坚不摧的至高无上力量的东西，在我们星球上任何文明的灵魂中都能

① 在《民族进化的心理定律》一书中，我曾用大量篇幅讨论了“拉丁民族与盎格鲁-撒克逊民族在民主理想上的不同”。布尔热在旅行后，也独立地得出了几乎和我完全一致的结论，并写在了他的著作《海外》一书中。

找到。古巴比伦和埃及的神庙，中世纪的宗教建筑，无不都是为它而建；一个世纪前震撼全欧洲的一场大动荡，就是因它而发动的；我们所有政治、艺术和社会学说，全都难逃它强大的影响。有时人类以可怕的动乱为代价消除了某种幻觉，但似乎注定了还会让它死而复生。没有它，人类不可能走出自己原始的野蛮状态；没有它，人类很可能很快就会回到这种野蛮状态。毫无疑问，它不过是些无用的幻影，但正是这些人类梦想中的产物，使得人类各民族创造出了辉煌壮丽的艺术与伟大文明。丹尼尔·勒叙厄尔如是说：

> “如果有人毁掉那些博物馆和图书馆，如果有人把教堂前石板路上所有那些受宗教鼓舞建起的作品和艺术纪念物统统推倒，人类伟大的梦想还会留下些什么？让人们怀抱着希望和幻想吧，不然他们是活不下去的。这就是存在着诸神、英雄和诗人的原因。科学承担起这一任务已有 50 年时间，但是在渴望理想的心灵里，科学有所欠缺，因为它不敢做出过于慷慨的承诺，因为它不会撒谎。”

我们的祖辈已在这种幻想中生活了许多个世纪。而 20 世纪的哲学家们热情投身到对宗教、政治和社会幻想的破坏中去，毁灭了这些幻想。幻想遭到扼杀之后，希望和顺从的源泉也就随之枯竭。人类不得不面对沉默的自然力量，而自然从不会怜悯弱小者。

无论哲学取得了多大进步，它迄今仍没能为群众提供足以让他们着迷的理想。而群众必须拥有幻想，他们会不惜代价地去索取。于是他们像昆虫趋光，蜂拥到那些迎合他们需要的巧言令色者身边。

对此我想说的是，推动民族演化的主要的永远不是真理，而是谬误。如今社会主义思潮如此之强大，原因就在于它是至今仍然活跃的唯一幻想。它的主要力量是因为这样一个事实，即它的鼓吹者是些无视现实、敢于向人类承诺幸福的人。如今，这种社会主义幻想横扫了旧时代的废墟，未来是属于它的。

群众从不需要真理，如果不合他们的意，他们会转头离去，假如对他们有诱惑力，他们更愿意崇拜谬论。凡是能为他们供应幻觉的，就会轻易地成为他们的主人，凡是让他们幻灭的，都成为他们的仇敌。

### （3）经验教训

唯一能让真理在群众心中生根、让过于危险的幻想归于破灭的，似乎只有经验。但为了达到这个目的，经验必须来自一个大的范围，而且还要能多次重现。通常，经验对下一代人是没多少用处的。这就是历史事实无法作为证据的原因。历史事实唯一证明了的，就算是具备广泛性的经验，即使只是想动摇根植群众头脑中的错误观点，也需要一代代反复重现。

史学家会把 19 世纪以及再早一些的年代，当作被神奇事件充斥的时代，任何时代都没有出现过如此多的社会实验。其中法国大革命就是最大一次这样的实验。

大革命算是最大的试验。从中可以发现一个社会有待于遵照纯粹理性的指导，从上到下进行翻新一遍，数百万人必然会因此而死于非命，并导致欧洲在以后的20多年里陷入不断的动荡之中[①]。为了证明这点，独裁者在五十年里进行了两次破坏性极大的试验，让他的民族遭受了惨重损失。第一次试验的代价是三百万人的死亡和一次入侵[②]；第二次试验导致割让领土[③]，并在事后表明常备军的必要。此后差点还要有第三次试验，恐怕哪天它就会发生。就是这样，为了让整个民族相信庞大的德国军队并不像三十年前普遍认为的那样，只是支无害的国民卫队[④]，就必须来上一次让我们损失惨重的战争。同样，为了让人认识到贸易保护会毁掉实行这种制度的民族，也至少需要二十年的灾难性试验。

（4）理性

列举能对群众心理产生影响的因素，根本没必要提到理性，除非是为了指出它的消极意义。

---

① 指拿破仑称帝后，法国各地爆发了持续23年之久的战争，可以说这是自1789年法国大革命所引发的战争的延续。——译者注

② 拿破仑帝国崩溃后，法国受到邻国的侵蚀而逐渐失去因征服而得来的土地，更是慢慢也在失去了本国原有的疆土。——译者注

③ 1870年普法战争中法军战败，次年德法签订了《法兰克福条约》，法国割让阿尔萨斯和洛林。1919年第一次世界大战德国战败，这块土地又割让给法国。第二次世界大战期间被德国夺回，战后又割让给法国。——译者注

④ 在这个问题上，促使群体形成观点的是由一堆胡言乱语拼凑的观点。在前面我已解释过这种机制。当时的法国国民军主要由那些温和的小店主组成，他们纪律涣散，根本没有战斗力。但正是这样的军队让人产生错觉，以为任何冠以同样名称的军队都是跟法国国民军一样无害。这种群众的错觉，也产生在群众的那些领袖内心。奥列佛先生在他最近出版的一本书中提到，一位追随民意、绝不超前的政治家梯也尔在1867年12月31日一次内阁会议上宣称，普鲁士除了一支跟法国相等的常备军外，只拥有和法国相类似的国民卫队，因此无须重视（这位政治家还认为，铁路是没有什么前途的，所以限制铁路的发展，导致法国的国力越来越弱，而德国作为对手在铁路上面发展迅速。——译者注）

我们证明了群体不受推理影响，它们只能理解拼凑起来的观念。因此，那些知道如何影响它们的演说家，总是借助它们的情感而不是它们的理性。逻辑定律对群体一样不起作用[①]。想要让群体相信什么，首先得搞清楚让它们的兴奋点，并且装出自己也有同样情感的样子，然后用低级的组合方式，用一些耳熟能详的暗示性概念改变它们的看法，如果需要，才能够回到那个真正想要灌输给它们的观点上。这种根据讲话的实际效果来不断改变措辞的必要性，使所有演讲都不可能事先进行准备。在事先准备好的演讲中，演讲者遵循的是自己而不是听众的思路，但这会让他的演讲徒劳无益。

讲究逻辑的人，习惯看到一系列缜密的论证。在向群众讲话时，他们难免会借助这种方式，看到自己的论证对群众不起作用，会百思不得其解。有位逻辑学家写道："通常，建立在三段论上，也即建立在一组公式上的数学结论是不可更改的……由于这种不可更改的性质，即使演算这一组公式的是一个无机物，你也会不得不表示同意。"这话说得当然不错，然而群体并不比无机物遵循理性，它们的理解能力跟野蛮人或儿童差不多。面对群体，逻

① 影响群众的技巧几乎没必要借助逻辑，对这种现象的第一次观察，还要追溯到巴黎被围时期。有一天，我看到一群愤怒的人把一个将军押解到当时的政府驻地卢浮宫前，因为他们怀疑这位将军把布防计划出卖给了普鲁士人。一位政府官员是一位出色的演讲家，他出来斥责那些要求立即处死这名将军的人。这位将军根本不是布防计划的参与者，并且这份所谓的计划在任何一家书店都能买到。我原以为在指出指控的荒谬就足够了，但这位演说家却说"正义会得到伸张！"，他宣布："正义一定会来临，正义会铁面无私！让国防部来审判这个案子吧！这期间我们会把他关押起来。"群众的愤怒被这种说辞平息下来，人群散去。十几分钟后，将军就回到了家里。我想如果当时为他辩护的人用逻辑论证来证明将军的无罪，盛怒之下的群众一定会把他撕成碎片。只因为我当时年轻，才以为那种论证让人信服。

辑论说方式毫无用处。

与情感对抗，理性显得苍白无力。就在几百年前，没有丝毫逻辑可言的宗教迷信是多么顽强！在接近两千年的时间里，任何天才也不得不在它们的规矩前俯首称臣。只是到了现代，它们的真实性才多少受到了一些挑战。中世纪和文艺复兴时代也有不少开明之士，但没有一个人能通过理性思考来认识到自己的迷信中的幼稚可笑，没有什么人，对所谓魔鬼的罪行还有烧死巫师的行为有过丝毫质疑。

群体从来不受理性指引。是否该对此表示遗憾呢？对此我们不必贸然下结论。无可否认，是幻觉促发的激情和愚顽激励人类走上了文明之路，在此人类的理性没多大用处。作为支配我们的无意识的力量，幻觉无疑是必要的。每个种族的精神成分中都携带着命运的定律，并且由于一种难以抑制的冲动，只能服从这些定律，即使这种冲动极不合理也一样。各民族好像被某种神秘力量左右着，这种力量类似于使橡果长成橡树，让彗星运行在轨道上的力量。

想对这力量有点认识，必须研究的是一个民族的全部进化过程，而不是这一进化过程中出现的独立事件，否则历史就会仿佛是一连串互不相关的偶然事件的产物。一个加利利的木匠①似乎不可能变成无所不能的神，并在接下来的二千年里最重要的文明②都是以他的名义而形成；一小撮从沙漠里冒出来的阿拉伯人，好像不太可能征服原本属于希腊-罗马世界的大部分地区，并建立起

① 加利利的木匠：此处指耶稣。其父为木匠，自己也曾做过木匠，一家居住在古巴勒斯坦加利利地区。——译者注

② 欧洲文明又被称为“基督教文明”，是西方近代文明的孕育者。——译者注

比一个亚历山大帝国领土面积还要大的帝国；在一个已经相当发达的欧洲，各国家都已有完备制度的时代，区区一个炮兵中尉[①]似乎也不太可能征服众多民族及其国王。

因此，还是让我们把理性留给哲人，不要过于强烈坚持让它插手对人的统治。事实告诉我们，文明的主要动力并不是理性。尽管不能否认理性的存在及其效用，但各种情感如尊严、自我牺牲、宗教信仰、爱国主义以及对荣誉的爱，才是文明的主要动力。

① 指拿破仑。他从巴黎军官学校毕业的时候是炮兵中尉。——译者注

## 第 3 章　群体领袖及其说服的手法

提要：（1）群体领袖。所有群体动物都有着服从头领的本能 / 群体领袖的心理 / 只有他们能够使群众有所信仰并组织起来 / 领袖的专制 / 领袖的分类 / 意志的作用。（2）领袖的掌控方式：断言、反复和传染。这些手段的不同作用 / 相互传染从社会下层向上层蔓延的过程 / 民众的观点不久就会成为普遍观点。（3）名望。名望的定义和分类 / 先天的名望和个人名望 / 不同的实例 / 名望受到破坏的方式。

我们已经了解了群体的精神构成，也找到了对群体头脑产生影响的力量。现在有待研究的，是这些力量如何发挥作用，以及是什么人用什么方式把它们有效转化成实践的力量。

### （1）群体领袖

所有群居生物，不管是动物还是人，都会处在一个头领的统治之下。这是生物的本能。

人类群体的所谓头领，有时不过是个煽风点火的家伙，即便如此，他的作用也相当重要。因为他的意志是群体形成统一意志与行动的核心。首领是人形成组织的第一要素。一群人就像温顺的羊群，需要头羊的率领。

往往领袖最初也不过是被领导者之一。他本人也是被一些观念所迷惑，然后才变成了它的使徒。他对这些观念十分着迷，以至除此之外一切事情都消失。在他看来，任何相反观点都是谬论或迷信。最典型的例子是罗伯斯庇尔。他是卢梭[1]哲学理伦的信徒，却为了传播这种哲学观，竟然采用宗教裁判所的手段。

这里所说的领袖，更可能是个实干家而非思想家。他们也许不具备深刻的思想和远见卓识，而且也不可能如此，因为这种品质一般会让人犹疑不决。在那些精神处在疯癫边缘的人中，最容易产生这种人物。不管他们坚持的观念或追求的目标有多荒诞，他们都会坚定不移，这使任何理性对他们都不起作用。他们拥有坚强的意志，对别人的轻藐和保留态度无动于衷，或者只会让他们更加兴奋。他们牺牲自己的一切，自我保护本能在他们身上消失。大多数情况下，这类人渴求的唯一回报恰恰就是以身殉职。强烈的信仰使他们的话具有极大的感染力，普通民众总是愿意听从这类人，而他们也知道如何迫使群体接受自己的看法。

聚集成群的人完全丧失自我意志，本能地听从一个人，此人具备他们所没有的品质。

各民族从来就不缺领袖，但大多数领袖都没有使徒般强烈的信念。他们毫无原则，通常娴熟于以巧言令色来取悦群众，为了一己之私不惜使用谎言欺骗民众。他们利用这种方式可能产生极大影响，然而这只能一时奏效。那些有着狂热信仰、能打动群众

① 让-雅克·卢梭（1712—1778）：法国十八世纪启蒙思想家、哲学家、教育家、文学家，民主政论家和浪漫主义文学流派的开创者，启蒙运动代表人物之一。主要著作有《论人类不平等的起源和基础》《社会契约论》《爱弥儿》《忏悔录》《新爱洛伊丝》《植物学通信》等。——译者注

灵魂的人，如隐士彼得、路德、萨伏那洛拉之流[1]，以及法国大革命中的人物。这类人首先是自己被激发出某种狂热的信念，然后才感染他人跟着自己一起想入非非。只有这样，他们才能在信众内心唤起一股坚不可摧的力量，即所谓的信仰。它能让一个人变成自己梦想心甘情愿的奴隶。

无论是宗教信仰还是政治信仰，也无论信仰的对象是什么，一本书、一个人或一种观念，信仰的建立取决于人群中领袖的作用。人类所支配的一切力量中，信仰的力量最为惊人。《福音书》说“信仰能移山填海”，一点不假。让一个人拥有了信仰，就是让他变得强大十倍。历史上很多重大事件都是由一些普通信徒造成的，他们除了自己坚信的信仰，通常一无所知。那些传遍全球的伟大宗教，还有那些控制过半个地球的帝国，它们之所以能成功，不是靠学者或哲学家的思想、智慧，更不是靠那些怀疑论者。

但真正让我们所关注的，是那些伟大的领袖人物。这样的领袖为数很少，史学家们很容易就能把他们清点出来。这些领袖人物构成了历史的一个高峰系列，他们之上是那些权倾一时的统治者，低处则是劳动者，在烟雾缭绕的小酒馆里，他们不停地向自己的同志灌输着一些含混其词的只言片语，使之渐渐入迷。对那些话的含义，他们自己也知之甚少，但他们总是信

---

① 彼得（1050—1115）：又称西蒙彼得。西蒙是他的名字，彼得是耶稣给他取的绰号，即石头的意思。法国十一世纪著名教士，创建修道院，曾率领信徒前往耶路撒冷布道，曾任第一次十字军东征第一队队长。路德（1483—1546）：德国宗教改革家，新教创始人，影响遍及整个基督教世界。萨伏那洛拉（1452—1498）：文艺复兴时期意大利著名宗教改革家，对当时意大利政治与宗教有很大影响。1494—1498 年期间，他在佛罗伦萨实施宗教神学的独裁。1498 年他被教皇定为异端，后被处死。——译者注

誓旦旦地说着，只要按照他们说的去行动，就一定能让希望与梦想实现。

人类只要脱离孤独状态进入群体，就会处在某个领袖影响之下。绝大多数人，除了自己的行业，对任何问题都没有明确而合理的看法。社会每个领域，无论身份高低贵贱，皆莫不如此。领袖是他们的引路人。不过，这个角色也可以被定期出版物取代，虽然效果通常不是很好。这些定期出版物根据需要制造各种舆论，提供现成的套话，使得群众领袖们不必再为说理操心。

群众领袖的权威具有相当的专制性，这种专制性是他们得到服从的条件。人们还注意到，这种权威不需要一般的后盾，就能轻易让工人阶级中最狂暴的人俯首帖耳。他们规定工时和工资比例，发出罢工指令，全凭一声令下。

由于当今政府的所作所为丧失了人们的信任，权威性日渐丧失，权力与功能被这些领袖和鼓动家取代。结果是群众对他们带来的新暴政的服从，要远超过对政府的服从。任何原因一旦导致领袖从舞台上消失，群众就会回到群龙无首的状态下，变得不堪一击。在一次巴黎公共马车雇员的罢工中，两个指挥的领袖一被抓起来，罢工便立刻结束。在群体的灵魂起主导的，并非对自由的要求，而是对被奴役的渴望。他们是如此倾向于服从，因此不管谁自称是主子，他们都会表示臣服。

首领和煽动家分成不同的两类。一类充满活力，但缺乏持久意志力。另一类很为罕见，拥有坚强的意志力。前一种一身蛮勇，在领导临时暴动、带领群众冒死犯难、让新兵一夜间变成英雄这类行为中，他们的作用非常明显；第一帝国时代的内伊和缪拉[1]就属于这一类，在我们这个时代，加里波第[2]也属于这类人，他虽一无所长，却精力充沛、敢于冒险，只率领很少一群人，就攻占了受到一支纪律严明的军队保护的古老的那不勒斯王国。

这类领袖回到日常生活中后，就像我刚才谈到的那样，往往暴露出惊人的性格弱点。他们虽然具备号召力与领导力，却在简单环境下失去了意志力，没法思考并支配自己的行为。他们是这样一种领袖，在特定条件下，他们本人也受人领导并不断受到刺激，总是有某个人或观念在指引着他们，并提供明确的行动路线供他们遵循，否则他们就不能发挥自己的作用。

而另一类领袖，即那些拥有持久坚定意志力的，尽管不总是那么光彩耀目，但影响力却要大得多。这类人包括那些宗教和世俗伟业的奠基人，如圣保罗、哥伦布和德·雷赛布[3]。这类人天纵英才，不过都有些心胸狭隘，但这无关紧要，反正世界是属于他们的。坚强不屈的意志力是这类人所具有的人类中极为罕见的品质。人的意志力作用，很少能被充分认识到。但正是这种力量足

---

① 内伊（1769—1815）：法兰西第一帝国元帅，军一级优秀的指挥官，同时熟知步骑炮兵，战术技巧高超，作战勇敢，备受士兵爱戴，被誉为“勇士中的勇士”。缪拉（1767—1815）：法国军事家，拿破仑一世的元帅（1804年起）。曾任贝尔格和克莱沃公爵（1806年起），后成为那不勒斯国王（1808—1815）。他以杰出的骑兵指挥官和勇武绝伦的战士而著称。——译者注

② 加里波第（1807—1882）：意大利民族运动的著名领袖，游击战专家，对意大利的统一作过巨大贡献，被认为是意大利建国三杰之一。他在南美洲及欧洲都作过战，负有军事冒险主义精神，被称为“两个世界的英雄”。——译者注

③ 圣保罗：活动于公元1世纪，生卒年份不详；是除耶稣外基督教最重要的传播者。《新约全书》中有大量关于他的记载。哥伦布（1452—1506）：意大利探险家、航海家，大航海时代的主要人物之一，是地理大发现的先驱者。德·雷赛布：法国外交家，苏伊士运河开凿的组织者，后筹划打通巴拿马海峡失败。——译者注

以征服一切，没有什么能阻挡住它，无论自然、上帝还是人。

德·雷赛布就为我们提供了一个最近的关于强大意志力的作用的例子。他把世界分成东西两半，他所成就的事业，在过去三千年中一些伟大的统治者也没能做到。但成也萧何、败也萧何，在他年事已高的时候，他败在跟给他带来成功的类似事业上。这说明包括意志在内的一切事情，都会在时间面前屈服。

如果想知道人靠意志力能成就怎样了不起的事业，只需翻开那些有关苏伊士运河开凿的历史记载读读就行。亲历整个事件过程的卡扎利斯医生，用动人心魄的几句话总结了这项伟大工程创建者的故事：

> “日复一日，不管遇到什么，他都在讲着那个关于运河的惊人故事。他讲述了自己所战胜的一切，怎样把不可能变为可能，遇到的那些反对观点，还有那些与他作对的联盟，他经历了太多的失望、逆境和失败，但都没能让他失去信心。他追忆英国如何打击自己，法国和埃及如何迟疑不决，工程初期法国领事馆如何带头反对，有人甚至不惜用拒绝供应饮水让工人们逃离。他还谈到，海军部长和工程师，那些富有经验、受过科学训练并且有责任心的人，全都成了他的敌人，以科学的名义断定灾难就在眼前，那个古老的预言正在实现，并且计算出它会在某日某时发生，就像预测日食一样。”

涉及所有这些伟大领袖生平的书，通常不会涉及太多人名，但记录下的每个名字，无不都是与文明史上最重大的事件联系在一起的。

## （2）领袖的掌控方式：断言、反复和传染

想在短时间内激发群体热情，让它们采取譬如掠夺宫殿、守卫要塞或阵地的行动，就必须让群体对暗示做出迅速反应，其中效果最好的就是榜样。不过为了达到这个目的，在事前就有一些环境上的准备，尤其是影响他们的人应具备某种品质，对于这种有待深入研究的品质，我称之为名望。

但当领袖们打算用观念和信念，例如利用各种社会学说来影响群体时，他们所借助的手段就会有所不同。其中有三种手段最为常用，也十分有效，这就是断言法、重复法和传染法。它们的作用虽有些缓慢，然而一旦生效，效果却持久。

让某种观念进入群众头脑最可靠有效的办法之一，就是不理睬任何推理和证据，只做简洁有力的断言。一个断言越是简单明了，证据和证明看上去越贫乏，它就越有威力。一切时代的宗教书和各种法典，总是诉诸简单的断言。政客、推销产品的商人等，都深知断言的价值。

但断言如果不能不断重复，措辞也无法保持一致，它也无法产生效果。我相信拿破仑曾说过，重要的修辞法只有一个，那就是重复。被断言的对象，是通过不断重复才在头脑中生根，并且这种方式最终能使人把它当作已被证实的真理接受。

看一看重复对最开明的头脑产生的效果，就可以理解它对群体的影响力。这种力量是来自这样一个事实，即从长远看，不断重复的说法会进入我们无意识的深层区域，而我们的行为动机正是在这里形成的。一定时间后，我们会忘记谁是那个不断被重复

的主张的原作者，最终会对它深信不疑。广告之所以有令人吃惊的威力，原因就在这里。如果我们成百上千次地读到：X 牌巧克力是最棒的巧克力，我们就会以为所有地方都在这样说，最终我们就会对此确定无疑。如果我们成百上千次地读到：Y 牌药粉治好了身患顽症的某知名人士，如果我们患上的是类似的疾病，就会忍不住也要去试用一下。如果我们总是在同一家报纸上读到张三是个臭名昭著的流氓，李四是最诚实的人，我们最终会相信事实就是如此，除非我们再去读一家观点相反的报纸的报道。把断言和重复分开使用，它们各自都具备足够强大的力量相互拼杀一番。

如果一个断言得到了有效重复，在这重复中再也不存在异议，就像在一些著名的金融项目中，富豪足以收买所有参与者一样，此时主流观点就会形成，强大的传染过程也就此开始。观念、情感、情绪和信念，在群众中具有病菌样强大的传染力。在自然世界里这种现象十分常见，尤其是在聚集成群的动物中。马厩里有一匹马踢它的饲养员，另一匹马也会效仿；几只羊感到惊恐，很快会蔓延到整个羊群。在聚集成群的人中间，情绪也会迅速传染，这解释了恐慌的突发性。头脑混乱就像疯狂一样，也是易于传染的。那些作为专家的疯病医生中，也不时会有人变成疯子，这点已广为人知。当然，最近有人提到，一些如广场恐怖症类的疯病，能由人传染给动物。

是不是身处同一个地点，这并不是人们会不会受到传染的必要条件。有些事件能让所有头脑产生一种独特的共同倾向，以及一种群体的特有性格，在这种事件的影响下，相距遥远的人也会被传染到。当人们在心理上已经有所准备，尤其是在受到了我们前面讨论过的间接因素的影响后。1848 年革命运动就是最典型的例子，它在巴黎爆发后，便迅速传遍大半个欧洲，使一些王权摇摇欲坠。[①]

我在另一本著作中已经做过说明，很多影响看似来自模仿，其实不过是传染的结果。因此，这里我只抄一段十五年前我就这一问题说过的话。引述的观点已由另一些作者在最近的出版物中做了进一步的阐发。

“人就像动物一样有着模仿的天性。模仿对他来说是必然的，因为模仿总是一件很容易的事情。正是因为这种必然性，才使所谓时尚的力量如此强大。无论是观点、观念、文学作品甚至服装，有几个人有足够的勇气与时尚作对？支配着大众的是榜样，不是论证。每个时期都有少数个人同其他人作对并受到无意识的群众的模仿，但是这些有个性的人不能过于明目张胆地反对公认的观念。他们要是这样做的话，会使模仿他们变得过于困难，他们的影响也就无从谈起。正是由于这个原因，过于超前于自己时代的人，一般不会对它产生影响。这是因为两者过于界限分明。也是由于这个原因，欧洲人的文明尽管优点多多，他们对东方民族却只有微不足道的影响，因为两者之间的差别实在是太大了。

历史与模仿的双重作用，从长远看，会使同一个国家、同一个时代的一切人十分相似，甚至那些好像坚决不受这种双重影响的个人，如哲学家、博学之士和文人，他

① 参阅我的最新著作：《政治心理学，舆论和信仰，法兰西大革命》。

们的思想和风格也散发着一种相似的气息，使他们所属的时代立刻就能被辨认出来。如想全面了解一个人读什么书，他有什么消遣的习惯，他生活于什么样的环境，并没有必要同他做长时间的交谈。”[①]

传染的威力之大，不但能迫使个人接受某些观点，而且还能让他接受某些情感模式。传染是一些著作在某段时间里被忽视的原因，《唐豪塞》[②]就是最好的例子，但仅仅几年后，同样的原因却让那些原本持批评态度的人，又对它大加赞赏。

群体的观点和信念最容易通过传染而不是说理得到传播。目前流行于工人阶级中的学说，就是他们在公共场所学到的，这是断言、重复和传染的成果。当然，每个时代创立群众信仰的方式大多如出一辙。勒南[③]就曾正确地把基督教的创立者比作“从一个公共场合到另一个公共场合传播观念的社会主义工人”；伏尔泰在谈到基督教时也注意到，“在一百多年里，接受它的只有一些最恶劣的败类”。

应当指出，传染在作用于广大民众后，也会扩散到社会上层。在今天，社会主义信条就出现了这种现象，它正在被那些会成为它首批牺牲者的人所接受。传染的威力是如此巨大，它甚至能让一个人丧失对自我利益的诉求。

一个事实是：被民众接受的每一种观念，最终总是会以强大

---

① 参见勒庞的《人及其社会》第二卷第 116 页。

② 唐豪塞：十三世纪德国诗人，后成为民间传说中的人物。这里应该是指德国作曲家瓦格纳的三幕歌剧《唐豪塞》，1845 年 10 月在德雷斯顿皇家歌剧院首次演出。——译者注

③ 勒南（1823—1892）：法国杰出思想家。对哲学、宗教以及历史学都有深入研究。一生致力于以人文主义立场缓和宗教与科学之间的矛盾。著有《耶稣传》《道德与批判文集》《法国的君主立宪制》等。——译者注

的力量感染社会上层并扎下根，而不管这种观念有多荒谬。社会下层对上层这种反作用是种神奇的现象，因为群众的信念多多少少起源于某种更深刻的理念，而且通常在自己诞生之地不会造成什么影响。当那些领袖和鼓动家找到了这种理念，并被其所征服后，就会据为己有，改造它成为自己的工具，然后用遭到严重歪曲的这种理念作为基础建立起新的宗派组织，使这个篡改过程更上一层楼。

观念变成大众的真理了，它就会回到自己的发源地，对一个民族的上层产生影响。从长远看的确是人的智力在塑造世界的命运，却是间接的。当思想通过我所描述的过程大获全胜时，产生这种思想的哲人们早已化为尘土。

（3）名望

环境能让依靠断言、重复和传染进行普及的观念，获得巨大的威力，这时它们就会具有一种神奇力量，即所谓的名望。

世界上不管什么样的统治力量，无论它是观念还是人，其权力得到加强，主要都是因为利用了“名望”这种难以抗拒的力量。每个人都了解这个词的含义，但用法却十分不同，因此不易给出定义。名望所涉及的情感，既可以是赞赏，也可能是畏惧。有时这些情感是它的基础，但没有也完全能存在。最大的名望归我们不再惧怕的那些死人所有，例如亚历山大、恺撒、穆罕默德和佛祖。此外还有一些虚构的存在我们并不赞赏，比如印度地下神庙中那些可怕的神灵，但是它们因为具有名望而让人害怕。

在现实中，名望是一个人、一本著作或一种观念支配我们头脑的主要力量。这种支配会麻痹我们的批判力，让我们心中充满惊奇和敬畏。这种感觉就像所有情感一样难以理解，不过它好像与幻觉没有什么不同。名望是一切权力的主因。不管神仙、国王还是美女，缺了它都不行。

名望概括起来可分为两大类：先天的和个人的。先天名望来自称号、财富和名誉，它可以独立于个人的名望。相反，个人名望基本为一个人所特有，它可以和名誉、荣耀、财富共存，或由此得到加强，但没有这些一样能够存在。

更为常见的是先天或人为的名望。一个人占据着某个社会位置、拥有一定财富或头衔，仅这些就足以使他享有名望，不管这个人价值几何，是一身戎装的士兵、还是身着法袍的法官，都会令人肃然起敬。帕斯卡尔[①]指出：法袍与假发是法官必不可少的行头。没了这些东西，他们的权威就会损失一半。即使最狂放不羁的社会主义者，王公爵爷的形象对他也多少有所诱惑。因为拥有这种头衔，获取财富比如侵占商人的财产变得轻而易举。[②]

---

① 帕斯卡尔（1623—1662）：法国著名的数学家、物理学家、哲学家和散文家，在神学、文学各领域都有着巨大贡献，著有《思想录》。——译者注

② 在各个国家都能看到头衔、勋章和军装对大众的影响，甚至个人独立意识最发达的国家也不例外。我在这里引用一段最近一本游记里的话，它记述了英国的大人物们所享有的名望：

“在许多场合我都能看到，即使是最理智的英国人，也会因为同一个英国贵族沾亲带故或因为看到了他而兴奋不已。”

“如果他的财产能够使他长久的保持自己的身份，那么他事先便可很容易断定他们会爱戴他。只要能与他交往，他们会心甘情愿地把自己的一切都交到他手里。看得出来，当他露面时，他们就高兴得脸上泛起一层红晕。如果他跟他们说话，抑制不住的激动就会让他们面红耳赤，他们的眼睛里就会闪烁着不同寻常的光芒。可以这样说，他们的血液里流淌着对贵族的崇敬，就好像法国人喜欢革命、德国人热爱音乐、西班牙人热爱舞蹈一样。他们对莎士比亚和骏马的热情并不十分强烈，这些东西能带给他们的骄傲和满足也还算不上他们生活中不可分割的一部分。那些讲述关于贵族的书的销售是相当不错的，到处可以看到它们，就像《圣经》一样人手一册。”

以上所说的这种名望，是体现在具体人身上的。还有一些名望体现在各种见解、文学和艺术作品中。后者的名望往往是长年累月重复的结果。历史，尤其是文学和艺术的历史，不过就是在不断重复一些判断。没有谁真的想证实这些判断，大家都是在复述那些学校教科书中的东西。对于一个现代读者来说，研读荷马肯定是令人生厌的事，然而谁敢说如今的帕特农神庙[①]不过只是一堆废墟？它巨大的声望让它看起来不是这样，因为它与历史记忆紧密联系在了一起。名望的特点就是掩盖了事物的本来面目，使得人们的判断变得麻木。群众像个人一样，他们需要的是对事物的成见。这些成见的普遍意义跟对错无关，只在乎名望。

现在来谈谈个人名望。它的性质完全不同于我刚才说过的那些人为或先天的名望。这是种与头衔和权力无关的品质，而且只为极少数人所具备。它使这些人能对周围的人施以真正神奇的幻术，即使与之社会地位平等的人也逃脱不了他们的影响。他们并不具备任何通常的统治手段，但他们能迫使他人接受自己的思想与情感，众人对其服从，就像动物服从驯兽师。

那些伟大的群众领袖如佛祖、耶稣、穆罕默德、圣女贞德和拿破仑，都拥有这种名望。他们所获得的身份地位也跟这种名望关系密切。还有各种神灵、英雄豪杰和教义，之所以能大行其道，都是因为各有其深入人心的力量。当然，对他（它）们是只能意会，不能言传的，否则他（它）们就会消失不见。

这里提到的这些人在成名之前就具备了某种神奇的力量，没有这种力量他们不可能成名。比如达到荣耀巅峰时的拿破仑，仅

① 帕特农神庙：雅典卫城中主要建筑之一。17 世纪毁于战火。——译者注

仅因为他拥有的权力就足以使他享有巨大名望，但要知道在他还没有拥有这种权力、还籍籍无名时，就已经部分具备了这种名望。当他还是个名不见经传的将军时，多亏那些权势者要保护自己，他被派去指挥意大利的军队。他发现自己处在一群愤怒的将军中，他们一心要给这个总督派来的年轻外来户一点颜色瞧瞧。从第一次会面时起，他没借助于任何语言、姿态或威胁，那些人就那样一下子就被他征服了。丹纳引用当时人的回忆录，对这次会面做了引人入胜的描述：

“师部的那些将军中包括奥热罗[①]，一个蛮勇的赳赳武夫，他为自己的高大身材和剽悍扬扬自得。他来到军营，对巴黎派给他们的这个暴发户一肚子怒气。对于得到的有关此人如何强大的描述，奥热罗打算不予理睬。他完全看不起这样一个巴拉斯[②]的宠儿，一个因为旺代事件[③]得到将军头衔的人，据说这个人在学校里的业绩就是街头斗殴，而且相貌不佳，整天做着成为数学家和梦想家的美梦。将军们被带到拿破仑的房间，波拿巴让他们等在外边，让他们等了很久才终于佩带着自己的剑出现。他戴上帽子，说明了他所采取的措施，下达命令，然后让

① 奥热罗（1757—1816）：拿破仑时代的帝国元帅，是一位勇敢和精力充沛的指挥官和颇有计谋的战术家。——译者注

② 巴拉斯（1755—1829）：法国大革命时期的政治家。贵族出身。曾在土伦（期间认识了在土伦之战中成名的拿破仑）屠杀过保王党人，后又参加1794年的“热月政变”，在督政府担任督政。1799年督政府在雾月政变被推翻。巴拉斯在政务上乏善可陈，唯一著名的功绩是发现和举荐了拿破仑。——译者注

③ 旺代事件：指1793年后发生在法国旺代地区的叛乱，拿破仑作为步兵指挥参加了镇压行动。——译者注

他们离开。奥热罗一直沉默不语。直到出门后他才重新找回了自信，能像通常那样骂骂咧咧地说话。他同意马塞纳[1]的看法，这个小个子魔鬼将军让他感到敬畏，他无法理解那种一下子就把自己压倒的气势。”

变成大人物后，拿破仑的名望与他的荣耀同步增长，至少在他的追随者眼里，他和神灵已差不多。旺达姆将军是一个粗汉，大革命时代的典型军人，这个人甚至比奥热罗更粗野。1815 年，当他与阿纳诺[2]元帅一起登上杜伊勒利宫楼梯时，他对元帅谈了自己对拿破仑的感受：“那个魔鬼般的人物对我施用了魔法，我也搞不懂为何如此怕他，一看到他，我就像个小孩子一样浑身发抖。他简直能让我钻进针眼，投身火海。”

和拿破仑有过接触的人都感受到过这种神奇的影响力。[3]

① 马塞纳（1758—1817）：1804 年被授予法国元帅，1808 年由于里沃利战役中的功劳被封为里沃利公爵。1810 年 4 月 17 日，马塞纳任葡萄牙军团司令。1815 年百日王朝期间曾担任马赛军区司令。——译者注

② 阿纳诺（1784—1863）：法国贵族，帝国时期元帅，拿破仑的表弟。——译者注

③ 拿破仑完全意识到了自己的名望，他知道，他如果将自己周围的人看得比马夫还低，他的名望反而会更高。这些人中包括了那些令欧洲人心惊胆战的国民议会里的显赫人物。当时许多闲谈都可说明这一事实。在一次国务会议上，拿破仑就曾像对待男仆一样粗暴而无礼地羞辱过伯格诺。产生效果后，他走到伯格诺面前说：“喂，笨蛋！你找到脑子了吗？”伯格诺，这个同鼓手长一般高大的人，在拿破仑面前深深地躬着腰。而那个小个子却伸手揪住他耳朵把他提了起来。伯格诺后来写道：“这是令人心醉的宠信的表示，这是主人在发怒时最常见的亲切举动。”由此可见，名望能够让人产生多么无耻的陈词滥调，这些事例能够让人清楚地认识到这一点。它也能使我们看到大暴君对其喽啰们极为轻蔑的态度，显然他只把他们当作“炮灰”而已。

达武在谈到马雷①和他本人的奉献精神时这样说："如果皇帝对我们说，'毁灭巴黎，不让一个人活着跑掉，这对于我的政策至关重要'，我相信马雷是会为他保密的，不过他还不至于顽固到不想让自己的家人离开这座城市。而我会因为担心泄露真情，把我的妻儿留在家里。"

必须看到这种震慑人灵魂的力量，相信拿破仑自己完全意识到了这种名望的威力，才能理解他只身一人从厄尔巴岛②返回法国的壮举。他回到法国面对的将是一个对他的独裁感到厌倦的大国，但却能迅速就征服了这个国家。那些被派去阻挡他的将军发誓要完成任务，可是仅仅看到他就毫不犹豫地屈服了。

英国将军沃尔斯利这样写道：

> "拿破仑，一个来自他的王国厄尔巴岛的逃犯，几乎是孤身一人在法国登陆，几周内便把合法国王统治下的法国权力组织统统推翻。想证明一个人的权势，还有比这更惊人的方式吗？在他的这场最后战役中，从头至尾，他对反法同盟③又施加了多么惊人的权势！他牵着他们的鼻子走，差一点就打败他们！"

---

① 达武（1770—1823）：拿破仑手下元帅之一。马雷（1763—1839）：拿破仑亲信，先后担任拿破仑的国务秘书和外交大臣，拿破仑授予他巴萨诺公爵的爵位。——译者注

② 厄尔巴岛：是意大利中部托斯卡纳大区西边海域的一个岛屿，拿破仑曾在这里被囚禁。——译者注

③ 反法同盟：指第七次反法联盟。1815 年 3 月 20 日，拿破仑进入巴黎的消息传到维也纳后，引起维也纳会议与会国家的震惊和不安。由大英帝国、俄罗斯帝国、奥地利帝国、普鲁士王国、撒丁王国五国，及被英俄奥普四国所控制的荷兰、比利时、德意志诸邦国迅速组成了第七次反法联盟。——译者注

他的名望当然长于他的寿命，而且还有增无减。正是他的名望让他一个籍籍无名的侄子[①]成了皇帝。直到今天他的传奇故事仍然不绝于耳，足见人们对他的怀念是多么强烈。随心所欲地迫害人，为了一次次的征伐，让数百万人死于非命——只要你有足够的名望和付诸实施的天才与决心，人们就会允许你这样做。

不错，我这里提及的都是有关名望的一些极不寻常的例子。但为了了解那些伟大宗教、伟大学说和伟大帝国的起源，提提这些是有好处的。没有这种对群众影响巨大的名望，所有这一切都会是难以想象，甚至根本不可能出现的。

但名望并非完全以个人权势、军事业绩或宗教敬畏为基础，某些平凡的业绩也能成为它的来源与基础，其影响与力量一样也会相当可观。我们这个世纪就提供了不少实例。这些让人惊叹，将会被后人牢记的丰功伟绩，其中就有那个把大陆一分为二，改变了地球面貌和交通运输的著名人物的故事。他之所以能完成这样一个壮举，是因为他有强大的意志，也因为他能让自己周围的人着迷。为了克服遇到的种种阻力障碍，他用自己的实际行动说话。他性格沉稳，言简意赅，具有让自己敌人都钦佩的人格魅力。当年英国人对他的那个计划坚决反对，但当他出现在英国时，就把所有支持都争取了过来；晚年他路过南安普顿[②]，一路教堂钟声不断；如今英国正展开一场为他树立雕像的呼吁。

征服了必须征服的人和事，沼泽、岩石、沙地之后，他不再

① 指路易·拿破仑·波拿巴，人称拿破仑三世，法兰西第二共和国总统。他是拿破仑的侄子。1832 年拿破仑儿子赖希施塔特公爵夭折后，拿破仑三世成为波拿巴家族的合法继承人。1870 年 9 月 4 日，因普法战争战败而退位。他是法国历史上第一位民选产生的总统和最后一位君主。——译者注

② 南安普顿：英国英格兰南岸的城市和大海港。——译者注

相信还有什么能挡住他，他想在巴拿马再挖一条运河。他按老办法着手这项工程，但是他上了年纪。此外，虽有移山填海的信念，如果那山过于高大，也是没法移动的。山会抵抗。后来发生的灾难，一下子就抹去了这位英雄身上耀眼的光环[①]。他的一生证明：名望如何出现，就会如何消失。在成就了足以同历史上最伟大英雄媲美的业绩后，他却被自己国家的官僚当成罪犯。他去世时没人留意，灵柩经过处是无动于衷的民众。只有外国政府像对待历史上每个最伟大的人一样，怀着敬意对他表示纪念。[②]

---

① 这位英雄指的是费迪南·德·雷赛布，在巴拿马运河的开凿过程中，发生了财务问题，而法国法庭判决雷赛布渎职和挪用、侵吞资产。——译者注

② 一家奥地利报纸，维也纳的《新自由报》用了很长的篇幅谈论雷赛布的命运，其中的思考堪称最卓越的心理学见识，因此我把它摘录如下：

“在费迪南·德·雷赛布受到指控后，人们无权再对哥伦布的可悲下场表示震惊。假如雷赛布是一个骗子，那么所有高贵的幻想都成了犯罪。古人会用荣耀的光环来纪念他，会让他喝下奥林匹克的甘露，因为他改变了地球的面貌，他完成了使万物更加完美的任务。上诉法院的首席法官因为对费迪南·德·雷赛布的指控而成了不朽的人物，因为各民族总是需要一些人，他们不害怕把信徒的帽子扔向一位老人，他的一生为当代人增光不少，以此将自己的时代贬低。”

“再也不要谈论什么不可动摇的正义的未来，特别是在资产阶级极其憎恨大胆创举的地方。民族需要勇士，他们一直充满自信，克服了一切障碍，不在乎个人的安危。天才不可能谨小慎微，一味谨言慎行，人类活动的范围是绝对不可能扩大的。”

“……苏伊士和巴拿马让费迪南·德·雷赛布尝尽了凯旋的狂喜与挫折的创痛。在这一点上，这颗心非常成功地对道德进行了反叛。当两个海洋被雷赛布成功地贯通时，国王和人民向他致敬。迄今，当他败在科迪雷拉斯的岩石面前时，他在人们眼中就成为了个毫无教养的骗子。……从这种结局中我们看到了社会各阶级之间的战争，看到了资产阶级和雇主们由此而引发的不满，他们借助于国家的刑法，对那些出类拔萃的人施以报复，在面对人类天才高远的理想时，现代立法者心里充满了窘迫，而公众对这些理想也不甚理解。这也就是一个大律师很容易就能证明德·雷赛布是个骗子、斯坦利（比利时著名探险家。——译者注）是个疯子的原因。”

上面这些虽属极端个例，但要想对名望做心理学上的认知，举出这类极端事例是很有必要的。名望的一端是宗教和帝国的创立者，另一端则是那些用一项新帽或一件新衣向邻居炫耀的人。

在名望系列的两极之间，文明的各种不同要素：科学、艺术、文学等等，所促成的不同形式的名望，都有一席之地。并且还可以由此认识到，名望是说服群众的一个基本因素。享有名望的人、观念或物品，会在传染作用下，立刻受到人们的模仿，让整整一代人接受某些情感或某种思想的表达方式。进一步说，这种模仿通常是不自觉的，这证明了它的彻底性这一事实。

临摹原始人单调色彩和僵硬姿态的现代画家，很少能比他们的灵感来源更有生命力。他们相信自己的真诚，但若是没有哪个杰出大师复活了这种艺术形式中的生命力，人们能看到的就只是原始人幼稚低级的一面。那些模仿另一位著名大师①的艺术家，在画布上涂满紫罗兰色的暗影，但他们在自然界并没看到比五十年前更多的紫罗兰。他们是受了另一位画家的个性和特殊印象的影响，即受到了“暗示”，而这位画家尽管古怪，却成功获得了巨大名望。在文明的所有因素中，类似的例子不胜枚举。

根据以上论述可知，名望的产生与相关因素有关，其中成功永远是最重要的因素。每个成功者，每个得到认可的观念，仅仅因为成功与被认可这一事实，就不再受怀疑。因此，成功是通向名望的台阶，证据就是一旦成功消失，名望也就随之消失。昨天是受拥戴的英雄，今天就可能会受到侮辱。当然，名望越高，反应也会越强烈。在这种情况下，群众会把陌路英雄视为同类，为

① 马奈代表作《手持紫罗兰的贝尔特·莫里索》，而贝尔特·莫里索也是法国印象派团体中不可或缺的人物和最出色的女画家。——译者注

自己曾向一个已不复存在的权威点头哈腰而进行报复。当年罗伯斯庇尔因大量处死自己的同伙和他人，而享有巨大的名望。一旦被几张选票剥夺了权力，立刻失去名望后，群众就毫不犹豫地把他送上了断头台，正像不久前对待雷赛布一样。信徒总是穷凶极恶地敲碎他们以前神灵的塑像。

缺少成功的名望会很快就消失。名望也会因争论而受到减弱，只是这样需要的时间更长。无论如何，探讨的力量是极为可靠的。当名望成为问题时，便不再是名望。能够长期保持名望的神与人，对探讨都毫不宽容。为了让群众敬仰，必须同他们保持距离。

# 第 4 章　群体信念和观点的变化范围

提要：（1）牢固的信念。某些普遍信念不易改变 / 它们是文明的主流 / 根除它们十分困难 / 信念在哲学上的荒谬性不妨碍它的传播。（2）群体观点的多变。不是来自普遍信念的观点极为易变 / 近百年来观念和信仰的多样化 / 这种多样化的真正界限 / 受到多样化影响的事物 / 混乱的报业造成了观点的多变。

## （1）牢固的信念

生物的解剖学特征和心理特征非常相似。从解剖学特征中，能看到一些不易改变或只有轻微改变的因素，它们的改变需要以地质年代来计算。除了这些稳定的、难以摧毁的特征，还可以看到一些易变特征，如利用畜牧和园艺技术很容易就能加以改变的特征，有时它们甚至会使观察者看不到那些基本特征。

在道德特征方面也可以看到同样现象。一个种族除了有不变的心理特征，也有一些可变因素。在研究一个民族的信仰和信念时，在一个牢固基础结构之上，总是可以观察到一些嫁接在上面的东西，其多变一如流沙。

因此，群体观点和信念可以分成非常不同的两类。一方面有经久不衰的信仰，整个文明也许就是以它为基础，例如封建主义、基督教和新教。在我们这个时代则有民族主义、民主以及社会主义。另一方面则是多变又稍纵即逝的观点，它们通常是每个时代都有的一些普遍学说的产物。例如文学理论中的那些产生了浪漫主义、自然主义或神秘主义的理论。这些观点通常都是表面的，就像时尚一样多变。它们如同水面不断出现又消失的涟漪。

伟大的普遍信仰历来就数量稀少。对于每个历史悠久的民族来说，这些信仰的诞生和灭亡都意味着它们的历史高峰。正是它构成了文明的真正基础。

用一时的观点影响群众不难，但想让一种信仰被接受然后扎根却很难。不过，一旦这种信念扎下根了，要想铲除那就会难上加难。通常只有暴力革命才能革新它们。即使一种旧的信念不再能有效控制人们的思想、情感了，也要借助于革命才能清除。在这种情况下，革命的作用是最后的清理，因为习惯阻碍着人们完全放弃。一场革命的开始，就是一种信念的末日。

一种信念的消亡，时间上很容易做出确切判断——也就是当它的价值受到置疑时。所有普遍信念都是虚构，它唯一的生存条件就是不受审察。

不过，即使一种信念已经摇摇欲坠，依据它建立起来的制度还会保持力量，不会马上消失。最后，当信念余威尽失，于其上建立的一切就很快开始衰亡。迄今为止，没有哪个民族，能在没有下定决心破坏自己全部文明因素的情况下转变信仰。这个民族会继续这一转变过程很久，直到完全接受一种新的普遍信念，在此之前它会一直处在无政府状态下。普遍信念是文明的柱石，决定着各种思想倾向。只有它们能够激发信仰并形成责任意识。

各民族一直清楚获得普遍信念的好处，它们本能地知道，这种信念的消失是自己衰败的信号。使罗马人征服世界的，是人们对罗马的狂热崇拜；当这种崇拜寿终正寝，罗马也注定衰亡。至于那些毁灭了罗马文明的野蛮人，只有当他们拥有了某种共同信念，团结起来摆脱政治混乱状态后，才能做到这点。

在捍卫自己观点上，每个民族都表现出不宽容态度，这显然事出有因。这种对哲学批判表现出的不宽容，是一个民族的必要品质。在中世纪，正是为了普遍信仰，才有那么多发明创新者被送上火刑柱，即使逃脱了殉道，也难免死于绝望。也正是为了捍卫信念，世界才经常上演一幕幕可怕的混乱场面，成千上万的人战死沙场或将要死在沙场。

普遍信念的建立经久而困难，不过一旦站稳，它便会长期拥有不可征服的力量。无论从哲学上看多么荒谬，它也都会进入人们的头脑里，其中包括那些最睿智清醒的头脑。在长达 1500 年的时间里，欧洲各民族不是一直认为，那些像莫洛克神[①]一样野蛮[②]的神话是不容争辩的吗？说有个上帝因为他自己创造出来的动物不听话，便进行自我报复，让其儿子承受可怕酷刑，在十多个世纪里，居然一直无人发现它的荒诞不经。如伽利略、牛顿、莱布尼茨这样的一些天才，也没有想到过要质疑一下这种说教的真实性。普遍信仰具有催眠作用的证据，没有比这更典型的了。这个例子说明，作为人的我们所具有的理性与智慧有着多大的局限性。

新教条一旦在群体中生根，就会成为人心的源泉，由此会发

① 莫洛克神：是古代地中海东部地区崇拜的神灵，人们为了向他祭祀，将儿童投入火中的习俗。因此，莫洛克被称为恐怖之神，代表极为可怕、恐怖的事物。——译者注

② 我只是从哲学意义上说它野蛮，其实它曾创造出了一种全新的文明，使得人类在 1500 年漫长的时间里，窥见到了梦与希望，而他们并不想知道更多。

展出各种制度、艺术和生活方式。在这种环境下，它对人实行着绝对控制。实干家一心要让这种普遍信仰变成现实，立法者一心想把它付诸施行，哲学家、艺术家和文人醉心于如何以各种方式表现它。这就是人类社会的生存方式。

从基本信念中会派生出一些短暂观念，它们总是具有那些基本信念留下的烙印。埃及文明、中世纪的欧洲文明、阿拉伯地区的穆斯林文明，都是宗教信仰的产物，这些文明中即使最微不足道的事物，也都留下了这些宗教清晰的印记。

也正因为有这些普遍信念，每个时代的人们才能生活在一个由基本相同的传统、观点和习俗构成的环境中，他们无法，也不能解开这些东西的约束。人的行为首先受他们信念的支配，其次是受由这些信念形成的习惯支配。这些信念、习俗约束着我们生活中最细小的行动，任何具有独立性的精神也摆脱不了它们的影响。只有在不知不觉中支配着人们思想意识的暴政，才是真正的暴政，因为你无法同它作战。没错，提比略[①]、成吉思汗和拿破仑都是可怕的暴君，但相比较，早已躺在坟墓深处的摩西、佛祖、耶稣和穆罕默德，才是对人类实行着更深刻的专制统治。利用政变可以推翻暴君，但很难找到什么可以用来颠覆一种信念。在新教与罗马天主教的暴力斗争中，最终消失的是法国大革命。这就是事实，虽然整个欧洲群众都同情大革命，即使它使用了像宗教

① 提比略（前42—37）：古罗马第二位皇帝，个性深沉严苛，为人暴虐、好色。执政后期，由于党派与家族之间的斗争、阴谋，使得他采用残暴的手段对付政敌与亲族。。——译者注

裁判所一样残酷无情的手段。人类所知道的惟一真正的暴君[1]，历来就是他们对死人的怀念或他们为自己编织出来的幻想。

普遍信念从哲学角度看有些荒谬，从不会成为它们获胜的障碍。而且，如果这些信念无法提供某种神奇的荒谬性的话，也就不可能获胜。也就是说，荒谬性是普遍信念得以成功的必要前提。因此，今天的很多主义作为信念虽有明显破绽，却并不影响它赢得群众。不过和宗教信仰相比，它们只能算等而下之的信仰。因为宗教信仰所许诺的幸福理想是在来世实现的，因此无法反驳；而现在的很多主义许诺的幸福是要在现世落实，因而只要有人想努力去实现，它就会暴露出内在的矛盾与不足，很容易身败名裂。因此，与宗教信仰不同，这些主义获得力量是在理想实现后，只能等到获得胜利，开始实现自身价值那天为止，才能真正获得普遍性。

### （2）群体观点的多变

无数短命的观点、观念和思想，会在作为基础的牢固信念表面长出。其中最长命的也不会超过一代人的时间。这些变化不过是些表面现象，经常受到种族意识的影响。例如在评价法国政治制度时，会发现一个现象，那就是各政党之间宣扬的看似差异很大，保皇派、激进派、帝国主义、社会主义等等，却有着由法兰西民族精神催生的一个共同理想[2]。而在另一些民族那，在相同

① 勒庞认为人类真正的暴政就是信仰的暴政，甚至就是唯一的暴政，因为它“不知不觉中支配着人们的头脑”，更要命的是，“你无法同它（信仰）作战。”所以新教、天主教、大革命等皆是如此，都是共同信念的产物。——译者注

② 这个“共同理想”就是把帝国变成共和国。——译者注

名称下会看到一些完全相反的东西。一个事物无论给它取什么名称，还是采取怎样骗人的用法，都不会改变它的本质。法国大革命时期的那些人深受拉丁文化的影响，他们的眼里只有罗马共和国，采用它的法律、权杖、法袍，但他们没能因此变成罗马人，因为后者是处在一个强大的历史意义的帝国的统治之下。

哲学家的任务，就是研究隐藏在古代的信念纷繁复杂的表面下，有什么东西在支撑着它们，并在不断变化的意见中找出那些受普遍信念和种族特性决定的成分。

没有这种哲学的检验，就会以为群众是经常随意改变他们的政治或宗教信仰的。一切历史，无论是政治的、宗教的、艺术或文学的，都证明了事情就是如此。让我们来看看法国历史上非常短暂的一个时期，即 1790 年到 1820 年这三十年，这也恰好是一代人的时间。在这段时间里，那些保皇派的群体从最初的革命派转变成极端帝国主义者，最后变成君主制支持者。在宗教问题上，他们也从天主教倒向无神论，然后倒向自然神论，最后又回到了天主教立场，而且成了最坚定的天主教信徒。这些变化不只发生在群众中，也发生在他们的领导者中。我们惊奇地发现，国民公会中的某些要人，那些国王的死敌、既不信上帝也不信主子的人，变成拿破仑恭顺的奴仆后，在路易十八复辟时期，又手持蜡烛虔诚地走在宗教队伍中间。

在那之后的岁月里，群众观点又发生了无数次变化。20 世纪初“背信弃义的英国佬”在拿破仑继承者统治时期，成了法国的盟友。而两度受到法国入侵的俄国，以满意心情看着法国倒退，也成了它的朋友。

在文学、艺术和哲学中，这段时期变化更为迅速。浪漫主义、自然主义和神秘主义你方唱罢我登场。昨天还受吹捧的艺术家和作家，明天就会遭人痛斥。

但当深入分析这些表面变化时，我们会发现，一切与民族普遍信念和情感相悖的东西都不可能持久，逆流不久都会回到主河道。那些与种族普遍信念或情感全无关系，从而不可能具有稳定性的观点，只能听任机遇的摆布，或者还有可取之处，也会随着环境发生变化。它们只是在暗示和传染的作用下形成的暂时现象，匆匆出现，又匆匆消失，像海边沙滩上被风吹成的沙丘。

目前，三种不同的原因，导致群体中易变的观点比以往任何时候都多。

首先，昔日的信仰正在失去它们的影响，不再像过去那样，能够形成短期的观点。普遍信仰的衰落，为一大堆既无历史也无未来的偶然观点提供了场所。

其次是群众势力的不断增长。这种势力越来越缺乏制衡的力量，使得群体观念多变这一特点，得以无拘无束地表现出来。

最后是报业的发展。报纸不断把完全对立的观点带到群众面前。每一种独立观点所产生的暗示作用，很快就会受到对立观点的破坏。结果是任何观点都难以普及，全都成为了过眼烟云。今天，很难形成一种普遍观点，任何观点还来不及被足够多的人接受就已寿终正寝。

这造成一种世界史上的全新现象，也是这个时代显著的特点。我这里是指政府在领导舆论上的无能。

也就在不久以前，政府的措施、少数作家和寥寥几家报纸的影响，还是公众舆论真正的反映者；而今作家已经没有任何影响力，报纸则只反映观点。对于政客来说，他们别说是引导，追赶各种观点还害怕来不及。他们变得害怕观点，有时甚至成了恐惧，这使他们采取了极不稳定的政治行动路线。

于是，群体的观点越来越倾向于变成最高政治指导原则。它已经发展到了这种地步，竟然能迫使国家之间结盟，例如最近的法俄同盟，变成大众运动的产物。目前一种奇怪的病症是，人们看到教皇、国王和皇帝们也在同意接受采访，仿佛他们也愿意把自己在某个问题上的看法交给群众评判。在政治事务上不可情感用事这种说法，在不远的过去也许还算正确，但当政治越来越受到群众缺乏理性、只受情绪支配的多变冲动的支配，还能再这样说吗？

过去是起着引导观点作用的报业，现在也像政府一样，在群众势力面前卑躬屈膝。当然，它仍然有相当大的影响力，然而这不过是因为它一味在反映群众的观点及其不断的变化。报业既然成了仅仅提供信息的平台，它便放弃了传播与维护某种观念或学说的努力。它在公众思想的变化中随波逐流，为了生存竞争，它也只能这样做，因为它害怕失去读者。过去那些有影响力的报纸，如《宪法报》《论坛报》《世纪报》，曾被上一代人当作智慧的传播者，如今不是已经消失，就是变成了典型的现代报纸，最有价值的新闻被夹在各种轻松话题、社会传闻和金融谎言之间。如今，没有哪家报纸富裕到能够让它的撰稿人传播自己的观点，因为对于那些只想得到消息，对经过深思熟虑后做出的所有断言一概怀疑的读者来讲，这种观点毫无用处。甚至评论家也不再能有把握地说一本书或一台戏获得了成功，他们能够恶语中伤，但不能提供判断。报馆十分清楚，在形成批评或个人观点上没有任何有用的东西，于是便采取压制批评的立场，只限于提一下书名，再添上两三句“捧场的话”。要不了多久，同样的命运也许会降临到戏剧评论的头上。

今天，密切关注各种流行观点，已成为报社和政府的第一要务。它们需要在第一时间直接知道一个事件、一项法案或一次演说带来的效果。这可不是件轻松的事，因为没有什么比群众的想法还多变，今天，也没有任何事情，能像群众那样朝三暮四的，昨天还被他们赞扬的，今天就会被痛骂。

不存在任何引导观点的力量，再加上普遍信仰的毁灭，其最终结果就是信念的严重分歧，无法形成有效秩序，并且群众会对于所有不触及自己眼下利益的事漠不关心。社会主义这类信条只影响没有文化的阶层，如矿山和工厂里的工人，而中产阶级的下层成员以及受过教育的工人，不是变成了彻底的怀疑论者，就是没有任何明确的观点。

过去二十五年的演变是惊人的。之前那个时期虽与我们相距不算太远，人们的观点还能大致保持一致性，它们产生于一些基本的信仰。人们只需要知道某人是君主制的拥护者，还是共和制的拥护者，就能断定他持有的历史观和科学观。拥护君主制的人十分清楚，人不是从猴子变过来的，而共和主义者同样十分清楚，人类的祖先就是猴子。拥护君主制的人有责任为王室说话，共和主义者则必须怀着对大革命的崇敬发言，凡提到如罗伯斯庇尔和马拉[1]这些人名，语气中必有宗教式的虔诚。还有一些名字，如恺撒、奥古斯都或拿破仑，也万万不可在提到时不予以痛斥一番。甚至在索邦这座法兰西的大学城[2]，也普遍存在着这种对历史的幼稚的理解方式。[3]

目前，由于过多论战，观点都失去了名望；它们的特征持续时间之短，很难唤起我们的热情。现代人日益变得麻木不仁。

但没必要过于悲伤。无可争辩，这是一个民族生命衰败的征兆。当然，与专事否定、批判的人或麻木不仁的人相比，伟大的、具备超凡眼光的人，使徒和民众领袖，总之那些有真诚、强烈信念的人能产生更大的影响。不过不能忘记，由于目前群众拥有庞大的势力，因此，如果有一种观点赢得了足够声望，使自己能得到普遍接受，那么它很快便会拥有强大的专制权力，使一切都屈服于自己，纷争不绝的时代也就会结束。群众偶尔是个步态悠闲

---

① 马拉（1743—1793）：法国政治家、医生，法国大革命时期民主派革命家。1783年弃医从政，1789年大革命爆发后，马拉即投入战斗。他创办的《人民之友》报（初称《巴黎政论家》），成为支持激进民主措施的喉舌。马拉是科德利埃俱乐部和雅各宾俱乐部的重要成员。1792年，成为巴黎公社的领导人之一，随后又当选为国民公会代表。1793年7月13日，马拉在巴黎寓所被杀。后人把他的著作辑为《马拉文选》《马拉通信集》等出版。——译者注

② 索邦：即巴黎大学，因为最初是由著名的神学家索邦建立的一所神学院而得名。——译者注

③ 从这个角度看，法国官方任命的历史教授写下的东西非常令人不解。这也证明了法国大学教育制度中是多么缺少批判精神。我这里引用一段兰先生《法国大革命》一书中的两段话作为这方面的证明：“攻占巴士底狱不仅是法国历史，也是整个欧洲历史上一件登峰造极的事件，它开创了世界史的一个新纪元！”他在谈及罗伯斯庇尔时，我们会吃惊地读到他的评价：“他的独裁更多是建立在舆论、说服力与精神权威上；这是一种掌握在道德高尚者手里的教皇权位。”

的主人，就像赫利奥加巴卢斯[①]和提比略一样，但他们也是狂暴而反复无常的。当一种文明让群众占了上风，这种文明几乎就没有多少继续延续下去的希望。如果说还有什么事情能推迟自身毁灭的话，那就是极不稳定的群众观点，以及他们对一切普遍信仰的麻木不仁。

① 赫利奥加巴卢斯（203—222）：罗马皇帝（218—222 年在位），行为荒诞，生活极为奢侈，在宫廷中公开淫乱又滥杀无辜，引起罗马元老院和公众的强烈愤恨，19 岁被哗变的近卫军诛杀。——译者注

# 第三卷

# 不同群体的分类及其特点

## 第 1 章　群体的分类

提要：群体的一般分类：（1）异质性群体。它们的不同类型 / 种族的影响 / 群体精神敌不过种族精神 / 种族精神代表文明状态，群体精神代表野蛮状态。（2）同质性群体。它们的不同类型 / 宗派、身份团体和阶级。

在本书中，我们已经对群体心理的一般特点做了论述。有待说明的是，不同类型的集体在特定刺激因素影响下，变成群体时各自具有的特点。我们先简单谈谈群体的分类。

起点是简单的人群。当许多人组成的人群是属于不同种族时，我们就看到了群体最初级的形态。在这种情况下，唯一能形成团结的纽带的，是头领或多或少受到尊敬的意志。在几百年时间里不断进犯罗马帝国的野蛮人[①]，来源十分复杂，因此可以把他们当作这种人群的典型。

比不同种族的个人组成的人群更高层面的，是在某些影响下获得了共同特征，因而最终形成一个种族的人群。它们有时表现出某些群体的特征，不过这些特征在一定程度上敌不过种族的因素。

在本书阐述过的一些影响作用下，这两种人群可以转变成有机或心理学意义上的群体。我们把这些有机群体分为以下两类：

1. 异质性群体
    A．无名称的群体（如街头群体）
    B．有名称的群体（如陪审团、议会等）
2. 同质性群体
    A．派别（政治派别、宗教派别等）
    B．身份团体（军人、僧侣、劳工等）
    C．阶级（中产阶级、农民阶级等）

现在我们简单地指出这些不同类型群体的特征。[②]

---

① 野蛮人：亦即“蛮族”，本是欧洲中世纪时期古希腊人和罗马人对欧洲邻族（日耳曼人）以及亚洲一些民族的称呼。在古希腊人和古罗马人看来，非希腊、罗马各族都是野蛮人。——译者注

② 在我近期的一些著作（《政治心理学》《舆论和信仰》《革命心理学》）中，可以看到有关群体不同种类的细节。

（1）异质性群体

这是由拥有各种不同特点、职业、智力水平的个人组成的群体，本书前面所研究的就是这类群体。

事实告诉我们，人作为行动的群体中的一员，他们的集体心理与个人心理有着本质的差别，而且他们的智力也会受到这种差别的影响。我们已经知道，智力对集体不起作用，它完全处在无意识情绪的支配之下。

一个基本因素即种族的因素，使不同的异质性群体几乎完全不同。

我们经常谈到种族的作用，指出它是人类行动最强大的决定因素。它的作用在群体的性格中也有迹可寻。由偶然聚集在一起的个人组成的群体，如果他们全是英国人或中国人，同有着任何不同特征但属于同一个种族的不同个人，如俄国人、法国人或西班牙人组成的群体，存在很大的差别。

当环境形成了一个群体，并且（虽然这种情况相当罕见）其中有着不同民族但比例大体相同的个人时，他们所继承的心理成分给人的情感和思想方式造成的巨大差异，立刻就会变得凸显出来。不管把他们聚集在一起的是多么一致的利益，都会发生这种情况。社会主义者试图在大型集会中，把不同国家的工人代表集合在一起，这种努力最后总是以公开分歧收场。拉丁民族的群体，不管多么革命或保守，为了实现自己的要求，无一例外地会求助于国家的干预。它总是倾向于集权，倾向于赞成独裁。相反，英国人或美国人的群体就不拿国家当回事，他们只求助个人的主动精神。法国的群体特别看重平等，英国的群体则特别看重自由。

这些差异解释了为何几乎有多少个国家，就会有多少种不同形式的社会主义和民主。

由此可见，种族气质对群体性格有着重大影响。它是一种决定性力量，限制着群体性格的变化。一条基本定律就是，由于种族精神的强大，群体的性格相比之下并不十分重要。群体状态或支配群体的力量类似于野蛮状态，或者说是向这种状态的回归。种族正是通过获得结构稳定的集体精神，才使自身在越来越大程度的上摆脱了缺乏思考的群体力量，走出野蛮状态。除了种族因素之外，对异质性群体最重要的分类，就是把它们分为无名称的群体，如街头群体等；和有名称的群体，如精心组织起来的议会和陪审团。前一种群体缺乏责任感，而后一种群体则发挥着责任感，这往往使它们的行动有着很大的不同。

### （2）同质性群体

同质性群体包括：A. 派别；B. 身份团体；C. 阶级。

派别是同质性群体组织过程的第一步。一个派别包括在教育、职业和社会阶级归属等方面大不相同的个人，把他们联系在一起的是共同的信仰。这方面的例子是宗教和政治派别。

身份团体是群体中所能拥有的最高程度的组织。派别中包含着职业、教育程度和社会环境大不相同的个人，他们仅仅是被共同信仰联系在一起，而身份团体则由职业相同的个人组成，因此他们也有相似的教养和相当一致的社会地位。这方面的例子如军事团体和僧侣团体。

阶级是由出身不同的个人组成的，和派别有所不同，使他们结合在一起的不是共同信仰，也不像身份团体那样是因为相同的职业，而是通过一些利益、一些生活习惯以及几乎相同的教育程度而联系在一起。比如中产阶级和农民阶级。

本书只讨论异质性群体，把同质性群体（派别、身份团体和阶级）放在另一书本里研究，因此我不打算在这里谈论后一种群体的特点。在结束对异质性群体的研究时，我会考察一下几种典型的特殊群体。

## 第2章　被称为犯罪群体的群体

提要：被称为犯罪群体的群体/群体犯法时在心理上也许不能称之为犯罪/群体行为绝对是无意识的/“九月惨案”参与者的心理/他们的逻辑、残忍和道德观念。

兴奋期过后，群体会进入一种无意识状态。在这种状态下，它受着各种暗示的支配，因此很难把它说成是一个犯罪群体。我保留这一错误的定性，是因为最近一些心理学研究使它变得十分流行。不错，群体的一些行为，如果仅就其本身而论，的确是犯罪行为，但是在某些情况下，这种犯罪行为同一只老虎为了消遣而让其幼虎把一个印度人撕咬得血肉模糊，然后再把它吃掉的行为相同。

群体犯罪的动机通常来自某种强烈的暗示，参与这种犯罪的个人事后会坚信自己是在履行职责，这与普通犯罪存在很大区别。

群体犯罪的历史说明了实情。

巴士底狱监狱长的遇害，可以作为一个典型案例[①]。这位监

---

① 巴士底狱里总共只有七个囚犯，其中有四个是假证贩子，两个精神病患者，以及一位是贵族家庭中被皇家密信所逮捕的“放荡罪”犯人（即萨德侯爵）。监狱长的职责，就是以保姆的身份照料这些病人。七位犯人没有一位和政治有关。巴士底：位于巴黎北部，早期为城堡，始建于14世纪，用于防御外来侵略，一个军事要塞。16世纪改为监狱，用以囚禁攻治犯，成为法国封建专制制度的象征。在1789年7月14开始的法国资产阶级革命中被攻陷。——译者注

狱长在堡垒被攻破后，被一群极度兴奋的人团团围住，对他拳脚相加。有人建议吊死他，砍下他的头，挂在马尾巴上。在反抗过程中，他偶尔踢到了一个在场的人，于是有人建议，让那个挨踢的人割断监狱长的喉咙。他的建议立刻博得了群众的赞同。

> “这个干完活的厨子，来巴士底狱的主要原因是好奇。他只是想来看看发生了什么。然而由于普遍观点就是这样宣传的，于是他也相信这是种爱国行为，甚至自以为应为杀死一个恶棍而得到一枚勋章。他用一把借来的刀切那裸露出来的脖子，因为有些钝了，他没能切动。于是他从自己兜里掏出一把黑柄小刀（既然有厨子的手艺，他对切肉应当很有经验），成功执行了命令。”

以上所指出的过程的作用，清楚反映在这个例子中。我们服从别人的怂恿，会因为来自集体而更为强大，杀人者认为自己是做了一件很有功德的事，既然得到无数同胞的赞同，他这样想也是自然的。这种事从法律上可以视为犯罪，从心理上却不是犯罪。

犯罪群体的一般特征与我们在所有群体中看到的特征并无不同：易受怂恿、轻信、多变，喜欢把无论是良好还是恶劣的情感都加以夸大，体现出某种道德品行，等等。

在法国历史上留下最凶残记录的群体，即参与“九月惨案”的群体中，这些特征一应俱全。事实上，它与制造“圣巴托罗缪惨案[①]”的群体十分相似。这里我引用的都是丹纳根据当时的文献所做的描述。

没有人确切知道是谁下令杀掉犯人空出监狱的。是丹东或别的什么人这并不重要。我们注意的是这样一个事实，即参与屠杀的群体受到了强烈的怂恿。

这个杀人群体杀了大约三百人，而且完全是个典型的异质性群体。除了少数职业无赖，主要是些小店主和各行各业的手艺人：靴匠、锁匠、理发师、泥瓦匠、店员、邮差等等。在别人的怂恿下，他们就像前面提到的那个厨子一样，完全相信自己是在完成一项爱国主义任务。他们挤进一间双开门的办公室，既当法官又当执行人，但是他们丝毫不认为自己是在犯罪。

他们深信自己肩负着重要使命，着手搭起一座审判台，与这种行动联系在一起的，是他们立刻表现出群体的率直和幼稚的正义感。考虑到受指控的人数众多，他们决定把贵族、僧侣、官员和王室仆役一律处死，认为没必要对他们的案件进行审判；这就是说，在一个杰出的爱国者看来，只凭职业就可证明一个人是不是罪犯。而其他人，将根据他们的个人表现和声誉进行判决。群体幼稚的良知以这种方式得到了满足。现在可以合法进行屠杀了，残忍的本能也可以得到尽情释放了。我在别处讨论过这种本能的

① 1572年8月24日，发生在圣巴托罗缪节法国巴黎天主教势力屠杀新教胡格诺派人物的惨案。又称为“圣巴托罗缪之夜”。公元1559年，法国的49个卡尔文教会举行全国会议，正式确认卡尔文信条，他们在法国被称为“胡格诺派”。公元1572年8月23日，正是“圣巴托罗缪节”的前夜，巴黎天主教会在国王的支持下，利用胡格诺派重要人物到巴黎参加该派领袖波旁家族的亨利的婚礼的时机，在当日深夜，以各教堂的钟声为号，向胡格诺派发动突然袭击，胡格诺派被杀2000余人。这一事件在教会史上称为“圣巴托罗缪惨案”。——译者注

来源，集体总是会将它发挥得淋漓尽致。不过正像群体通常的表现那样，这种本能并不妨碍他们表现出相反的情感，他们的善心常常和他们的残忍一样极端。

“他们对巴黎的工人有着极大的同情和深刻的理解。修道院监狱，一名联盟卫兵在得知囚犯 26 小时没喝上水后，几乎把狱卒打死了，如果不是犯人们为其求情，他是一定会这样做的。当一名囚犯被（临时法庭）宣告无罪后，包括卫兵和刽子手在内的所有人都高兴地与他拥抱，疯狂地鼓掌。”然后，大屠杀开始了。在整个过程中，欢快的情绪从未间断。他们围着尸体跳舞唱歌，还专门“贵妇”安排了长凳，以方便观看贵族们被处死。而且一直充满着特殊的正义气氛。

修道院监狱的一名刽子手当时抱怨说，为了让贵妇们看得真切，把她们安排得太近了，使在场的人中只有很少人享受到了痛打贵族的乐趣。他们就跑到法庭，把这个想法告诉了法官。于是决定让受害者在两排刽子手中慢慢走过，让他们用刀背砍他以延长其痛苦。在福斯监狱，受害人被剥得精光，在半小时里施以“凌迟”，直到每个人都看够了以后，再来上一刀切开他们的五脏六腑。

刽子手并非全无顾忌，我们指出过的存在于群体中的道德意识也表现在他们身上。他们拒绝占有受害人的钱财和首饰，把这些东西全都放在会议桌上。

他们的所有行为，都可以看到群体特有的幼稚推理。在屠杀了 1200 至 1500 个民族敌人后，有人提议，那些关着老年人、乞丐和流浪汉的监狱其实是在养着一些没用的人，因此不如把他们全都杀掉，他的建议立刻被采纳。他们中间当然也有人民的敌人，如一位名叫德拉卢的女人，是一个下毒者的寡妇。有人说：“她肯定对坐牢非常愤怒，如果她能办到的话，她会一把火烧掉巴黎。她肯定这样说过，她已经这样说过了。除掉她算了。”这种说法好像很令人信服，囚犯被无一例外地处死，其中包括 50 名 12 岁到 17 岁的未成年人，他们当然也变成了人民公敌。

当一周的工作结束时，所有这些处决也终于停止，刽子手们想来可以休息一下了。但他们深信自己为祖国立了大功，于是前往政府请赏。最热情的人甚至要求被授予勋章。

在 1871 年巴黎公社事件[①]中，我们也能找到一些类似的事实。既然如今群体的势力还在不断增长，政府的权力在它面前节节败退，因此我们就一定还会看到许多性质相同的事情。

① 1871 年 3 月 18 日，巴黎人民举行武装起义，推翻了资产阶级的反动统治；19 日，国民自卫军中央委员会完全掌握了巴黎的政权。国民自卫军发表宣言，宣布即将由工人通过选举成立公社，并在公社选出后，把政权移交给公社；28 日，公社委员就职，巴黎公社诞生。历史上第一个无产阶级政权庄严地宣告成立；29 日，公社颁布法令，宣布“巴黎公社为唯一政权”。——译者注

## 第3章 刑事案件的陪审团[①]

提要：陪审团的一般特点 / 统计数据显示，它们的判决独立于它们的人员成分 / 影响陪审团的方法 / 辩护的形式与作用 / 说服关键人物的技巧 / 令陪审团迟疑或严厉的不同罪行 / 陪审团制度的好处。

不可能在此对所有类型的陪审团都进行研

① 陪审团：又称“临时公民审判团”或“公民审判团”。陪审团是指向法官宣誓并且对给定的案子做出裁决的一组人员，尤其是指被法律召集听取并且在法庭上做出案子最终裁决的一组人员。目前于司法制度中采用陪审团制度的有美国、英国和中国香港等。陪审团制度，是指由特定人数的有选举权的公民参与决定嫌犯是否起诉、是否有罪的制度。——译者注

究，因此我只想评价一下法国刑事法庭的陪审团。这些陪审团是拥有名称的异质性群体极好的例子，也表现出易受暗示支配、缺乏推理能力的特点。当它处在领袖影响下时，主要受无意识情绪支配。在这个研究过程中，我们还会看到一些不懂群众心理的人犯下错误的有趣事例。

首先，在做出判决时，陪审团提供的例子说明。组成群体的不同成员的智力水平无关紧要。我们知道，当一个善于思考的团体要求就某个非完全技术性的问题发表看法时，智力起不了多少作用。例如一群科学家或艺术家，当他们组成了一个团体，对一个一般性问题做出的判断，就会与一群泥瓦匠或杂货商做出的判断没什么不同。在1848年前，法国政府规定召集组成陪审团的人要慎加选择，要从有教养的阶层选出陪审员，教授、官员、文人等是首选。如今，大多数陪审员来自小商人、小资本家或雇员。然而令专家大惑不解的是，无论组成陪审团的是什么人，他们的判决总是一样的。甚至那些敌视陪审制度的地方长官也不得不承认判决的准确性。贝拉·德·格拉热先生是刑事法庭的前庭长，他在自己的《回忆录》中用下面一段话对此现象表达了自己的看法：

> “今天，选择陪审员的权力实际掌握在市议员手里。他们根据自己的政治和选举需要，把人们列入名单或从名单上画掉。……大多数选入陪审团的人都是生意人（但并不是像过去那样重要的人）和属于某个政府部门的雇员。……只要法官的开庭时间表一定，他们的观点和专长便不再有多少作用。许多陪审员是有着新手的热情、

良好意图的人，被同时放在恭顺的处境下，陪审团的精神并未改变：它的判决依然如故。”

对于这段话，我们必须记住的是它的结论，而不是那些软弱无力的解释。对这样的解释我们不必感到奇怪，因为法官通常和律师一样，对群体心理一窍不通，因此他们也不了解陪审团。我从一个与刚提到的这位作者有关的事实中还发现了一个证据。他认为，刑事法庭最著名的出庭律师之一拉肖先生，处心积虑地利用自己的权力，在所有案件中反对让聪明人出现在名单上。但是经验终究会告诉我们，这种反对是毫无用处的，事实证明，今天的公诉人和出庭律师，以及所有那些被关在巴黎监狱里的人，都已完全放弃了反对陪审员的权力。正如德·格拉热先生所言，陪审团的判决并无变化，“它们既不更好，也不更差”。

就像群体一样，陪审团也受情感因素的强烈影响，很少被证据所打动。一位出庭律师说：“他们见不得有位母亲用乳房喂孩子或者一个孤儿”；德·格拉热则说：“一个妇女只要装出唯命是从的可怜样子，就足以赢得陪审团的慈悲。”

陪审团成员们通常会对那些自己有可能成为受害者的罪行毫不留情。但对那些因为情感原因而违法的案件，陪审团却优柔寡断。比如对未婚母亲杀婴，用泼硫酸来对付对自己始乱终弃的男人这类案件的罪犯，他们很少表现出严厉，因为他们本能地感到，社会在照常运转，这种犯罪对它没有多大威胁[①]，而且在一个被抛弃的姑娘不受法律保护的国家里，她为自己复仇，非但无害反而有益。因为这可以吓阻那些未来的诱奸者。

陪审团像任何群体一样，也深受名望的影响。德·格拉热先生正确指出，陪审团的构成虽然民主，他们在好恶态度上却很贵族化："头衔、出身、家财万贯、名望或一位著名律师的帮助，总之，一切不同寻常或能给被告增光的事，都会使他的处境变得极为有利。"

杰出律师的主要用心所在就是打动陪审团的情感，而且正如对付一切群体一样，不要做很多论证，最好只采用幼稚推理的方式。一位因为在刑庭上赢了官司而赫赫有名的英国大律师，总结出以下应当遵循的律师行为准则：

> "进行辩护时，他要留心观察陪审团。最有利的机会一直就有。律师依靠自己的眼光和经验，从陪审员的面容上领会每句话的效果，从中得出自己的结论。第一步是要确认，哪些陪审员已经赞同他的理由。确定他们的

① 顺带说明一下：陪审团这种把犯罪划分成威胁社会和不威胁社会两种类型的方式，远不能认为是有失公正的。刑法的最终目的显然不是为了进行报复，而是为了保护社会不受犯罪的危害。但是法国的法典，特别是那些地方官员的头脑，却仍然深受有着原始法律特点的报复精神的影响，像我们仍在日常生活中频繁使用的"vindicte"（"起诉"，源自拉丁语的"vindicta"即"报复"）一词。对于地方官员中这种倾向的一个证明是，他们中间的大部分都拒绝采用贝朗热法，因为该法允许被判刑的人不必服刑，除非他再次犯罪。由于已经从统计学上得到了佐证，所以没有哪个官员会否认，对初犯进行惩罚，极有可能会导致受罚者更进一步犯罪。当法官让一个被判服刑的人重获自由时，他们的脑海里好像总是认为没有为社会报仇。他们并不想放弃为社会复仇，倒是更愿意制造一个真实的罪犯。

赞同不必费很多功夫，然后他应把注意力转向那些看来还没有拿定主意的人，努力搞清楚他们为何会敌视被告。这是他的工作中十分微妙的一部分，因为指控一个人除了正义感之外，还可以有无限多的理由。”

这几句话道出了辩护术的全部奥妙。我们都知道事先准备好的演说效果甚微，因为必须随时根据印象改变措辞。

辩护人不必让陪审团每个人都接受他的观点，他只争取那些灵魂人物即可。就像一切群体一样，在陪审团里也存在着少数对别人有支配作用的人。“我通过经验发现”，前面提到的那位律师说，“一两个有势力的人物就足以让陪审团跟着他们走。”需要用巧妙的暗示取得信任的就那么两三个人，最关键是取悦他们。群体中已被成功博得其欢心的那个人，是处在一个就要被说服的时刻，这时无论向他提出什么证据，他很可能都会信服。我现在就从有关拉肖的报道中摘录一段反映上述观点的趣闻轶事：

“大家都知道，拉肖在庭审过程中所有的演说中，绝不会让自己眼睛离开两三个他知道或感到既有影响又很固执的陪审员。通常他会把这些不易驯服的陪审员争取过来。不过有一次在外省，他不得不花大半个小时，采用最狡猾的论辩对付一个陪审员，而此人依然不为所动。这个人是第七陪审员，坐在第二排椅子上的第一人。局面令人沮丧。突然，拉肖停顿了片刻，向法官说：“阁下是否可以命令把前面的窗帘放下？第七陪审员已经被阳光晒晕了。”那个陪审员脸红起来，他微笑着表达了自己的谢意。他被争取到被告一边来了。”

许多作家，包括一些著名的作家，最近发起了一场反对陪审制度的强大运动，但面对一个不受控制的团体犯下的错误，这种制度是保护我们免受其害的唯一办法[①]。有些作者主张只从受过教育的阶层招募陪审员，然而我们已经证明，甚至在这种情况下，陪审团的判决也没什么两样。还有些人以陪审团犯下的错误为依据，希望废除陪审团用法官取而代之。真是令人难以理解，这些一厢情愿的改革家怎么会忘了，被指责的那些由陪审团所犯下的错误，首先是由法官们犯下的，而且当被告被带到陪审团面前时，一些地方官员、督察官、公诉人和初审法庭已经认定他有罪。由此可见，如果对被告做出判决的是地方官而不是陪审团，他将失去找回清白的唯一机会。陪审团的错误历来首先是地方官的错误。因此，当出现了特别严重的司法错误时，首先应当受到谴责的是地方官，最近对 L 医生的指控就是如此。

有个愚蠢透顶的督察官根据一位半痴呆女孩的揭发，对他提

① 实际上，地方官是行动不受控制的唯一行政官员。尽管法国搞了不少革命，民主的法兰西并不像英国一样拥有一部让英国人为之自豪的《人身保护法》（*Habeas Corpus*）。我们消灭了所有专制者，但是我们却在每个城市都任命了一个可以随意处置公民的荣誉和自由的地方长官。一个毫无意义的督查官（juge d’ instruction）（一种在英国没有类似设置的审查官），他们竟然都是刚从大学出来的新手，他们手里却拥有令人厌恶的权力，他仅仅是根据自己的怀疑，就能把很有地位的人送进牢房，而且他这样做无需向任何人说明理由。他以进行调查为借口，就可以把这些人关押半年甚至一年，最后释放他们时，也不会做任何赔偿或道歉。在法国，司法许可证（warrant）就像国王敕令一样有效力，但它们的不同之处，后者——对于君主利用它的做法，人们做过十分公正的谴责——只有那些身居高位的人才可以申领，而司法许可证却是操在公民阶层的每个人手里的工具，而他们并不是一些十分开明或独立的人。

出起诉。那个女孩指控医生为了三十个法郎，非法为她做手术。若不是因为惹恼了公众，使最高法院院长立刻给了他自由，他一定会身陷囹圄的。这个被指控的L医生得到了自己同胞的赞誉，这一错案的野蛮性由此昭然若揭[①]。那些地方官自己也承认这一点，但是出于身份考虑，他们极力阻挠签署赦免令。

在所有类似案件上，陪审团在遇到自己无法理解的技术细节时，自然会倾听公诉人的观点，因为他们认为，那些在搞清楚最复杂的事态上训练有素的官员已经对事件进行了调查。那么，谁是错误的真正制造者？是陪审团还是地方官？我们应当大力维护陪审团，因为它是唯一不能由任何个人来随时取代的群体类型。只有它能够缓解法律的严酷。这种对任何人都一视同仁的法律，从原则上说既不考虑也不承认特殊情况。法官是冷漠无情的，他除了法律条文外不理会任何事情，出于职业的严肃性，他对杀人越货者和因贫困或受到诱惑者抛弃而杀婴的可怜姑娘，会施以同样的刑罚。而陪审团会本能地感到，与逃避法网的诱惑者相比，被诱惑的姑娘罪过要小得多，对她应当宽大为怀。

在了解了身份团体的心理，也了解了其他群体的心理后，对一个受到错误指控的案件，我不可能仍然认为，我不应当去和陪审团打交道，而应当去找地方官。从前者那里我还有些找回清白的机会，让后者认错的机会却微乎其微。群体的权力固然令人生畏，但有些身份的团体的权力更让人害怕。

---

① 勒庞所鄙视的群体，是情绪易被煽动起来就会被牵着鼻子走极端的群体。这个案例看似与勒庞一向的主张相违背，其实并不是，他并不反对万民请愿的群体，因为后者一般都很温和。——译者注

## 第 4 章 作为选民的群体

提要：选民群体的一般特点 / 说服他们的办法 / 候选人应具备的素质“名望”的必要性 / 工人农民为何很少选举自己的同行 / 词语和套语对选民的影响 / 竞选演说的一般特点 / 选民的观点如何形成 / 政治委员会的权力 / 它们代表着最可怕的专制 / 大革命时期的委员会 / 普选权虽有缺陷，但不能废除 / 为何即使限制选举权也不能改变选举结果

选民群体，也就是有权选举某人担任官职的集体，属于异质性群体范畴。但由于行为仅限于一件规定明确的事情，即在不同的候选人中做出选择，因此只具有前面讲过的少数特征。在群体中他们表现出极少的推理能力，没有批判精神、轻信、易怒并且头脑简单。此外，从他们的决定中也可以找到群众领袖的影响，以及断言、重复、传染的作用。

从最成功的办法中，可以很容易发现说服选民群体的办法。

首先是候选人的名望。能够取代个人名望的只有财富。候选人的才干，不是非常重要的要素。

享有名望了，但还有重要的另一点是，候选人必须能迫使选民不经讨论就接受自己。选民中多数是工人或农民，他们很少选出自己的同行来代表自己，原因就在于这种人在他们中间没有名望。当他们偶然选出一个和自己相同的人时，一般也是由于一些

次要原因，例如为了向某个大人物或有权势的雇主泄愤，或是因为通过这种方式能有成为其主人的幻觉。

候选人想保证成功，只有名望还不够。选民特别在意他是否表现出贪婪和虚荣。他必须用哄骗手段才能征服选民，要毫不犹豫地向他们做出最异想天开的许诺。

如果选民是工人，那就侮辱和中伤雇主，再多也不过分。对于竞选对手，必须利用断言法、重复法和传染法，竭力让人确信他是个十足的无赖，恶行不断是尽人皆知的事实。为任何表面证据而费心是没用的。对手如果不了解群体心理，就会用各种论证为自己辩护，而不是把自己限制在只用断言来对付断言，如此一来，他也就没有任何获胜机会。

候选人写成文字的纲领不可过于绝对，不然对手将来会利用它来对付你。但是在口头纲领中，再夸夸其谈也不过分。可以毫无惧色地承诺最重要的改革。夸张能够产生巨大效果，但对未来并没有约束力，因为这需要不断进行观察，而选民绝对没有这样的耐心和精力，他并不想知道自己支持的候选人，在实行他所赞成的竞选纲领上能走多远，虽然正是这个纲领让他做出的选择。

从以上所指出的，能发现前面讨论过的所有那些说服因素。在各种口号和套话（我们已经谈到过这些东西神奇的控制力）所发挥的作用中还会看到它们。一个明白如何利用这些手段的演说家，需要刀剑成就的事，他用这种办法照样可以办到。像不义之财、卑鄙的剥削者、可敬的劳工、财富的社会化之类的说法，永远会产生同样效果，尽管它们已经被用滥。此外，如果候选人满嘴新词，其含义又极其含糊，只要能迎合各种愿望，他也能大获全胜。西班牙 1873 年那场血腥的革命[1]，就是由这种含义复杂、因而每个人都可以自己做出解释的奇妙说法引起的。当时的一位作者对此的描述值得看看：

“激进派已经发现集权制的共和国其实是乔装打扮的君主国，于是为了迁就他们，议会全体一致宣告建立一个‘联邦共和国’，虽然投票者中谁也解释不清楚自己投票赞成的是什么。然而这个说法却让人皆大欢喜，人们无比高兴并陶醉于其中，美德与幸福的王国就要在地球上揭幕。共和主义者如果被对手拒绝授予联邦主义者名称，会认为自己受到了严重的侮辱。人们在大街上以这样的方式互致问候：‘联邦共和国万岁！’然后便响起一片赞美之声，对军队没有纪律这种奇怪的美德以及士兵自治大唱赞歌。人们对‘联邦共和国’是如何理解的呢？有些人认为它是指各省的解放，即同美国和行政分权制相似的制度；还有些人则认为它意味着消灭一切权力，迅速着手于伟大的社会变革。巴塞罗那和安达路西亚的社会主义者赞成公社权力至上，他们建议在西班牙设立一万个独立的自治区，根据它们自己的要求制定法律，在建立这些自治区的同时禁止警察和军队的存在。在南部各省，叛乱很快便开始从一座城市向另一座

① 1873 年 2 月，国王阿梅迪奥在混乱局势下宣布主动退位，同一天，王宫议会宣布成立共和国（史称第一共和国）。共和主义者建立的西班牙第一共和国，仅存在一年时间。后来保皇派将领阿塞尼奥·马丁内斯·德·坎波斯发动政变，宣布女王伊莎贝拉二世之子阿方索十二世为西班牙国王，次年阿方索回国正式执政，波旁王朝得以复辟。——译者注

城市、从一个村庄向另一个村庄蔓延。有个发表了宣言的村庄，它所做的第一件事情，就是立刻破坏了电报线和铁路，以便切断与相邻地区和马德里的一切联系。处境最可怜的村庄注定只能寄人篱下。联邦制给各立门户大开方便之门，到处都在杀人放火，人们无恶不作。这片土地上充斥着血腥的狂欢。”

至于理性对选民的头脑可能产生的影响，要想对这个问题不生疑心，那就别去读有关选民集会的报道。在这种集会上，言之凿凿、痛骂对手，有时甚至拳脚相加，但绝对听不到论证。即使有片刻的安静，也是因为有个享有“粗汉”名声的人在场，宣称自己要用一些让听众开心的麻烦问题难倒候选人。然而反对派的满足是短命的，因为提问者的声音很快就会被对手的叫喊压倒。以下从报纸上千个类似事例中选出来的这段关于公众集会的报道，可以作为这方面的典型：

“会议的组织者之一请大会选出一名主席，骚乱立刻席卷全场。无政府主义者跳上讲台，粗暴占领会议桌。社会主义者开始反抗；人们扭打在一起，每一派都指责对方是拿了政府佣金的奸细，……一个眼睛被打青了的公民离开了会场。

“在一片喧闹声中，会议只好拖延很长时间，说话的权利转移给了 X 同志。

“这位演讲人开始激烈地抨击社会主义者，他们则用‘白痴、无赖、流氓！’等等的叫骂声打断他。X 同志则针对这些脏话提出一种理论，根据这种理论，社会主义者是‘白痴’或‘可笑之人’。

“昨晚，为了五一节工人庆祝会的预演，阿勒曼派在福伯格宫大街的商会大厅组织了一次大会。会议的口号是‘沉着冷静！’

“G 同志——暗指社会主义者是‘白痴’和‘骗子’。

“这些恶言恶语引起了相互攻击，演讲者和听众开始大打出手。椅子、桌子、板凳，全都变成了武器。”

千万不要以为这只是对那种顽固不化的选民群体的描述，并且认为选民的社会地位能决定他们的行为。在任何这类集会中，即使参与者全都受过高等教育，也不会有什么区别。当人们聚集成一个群体时，一种降低他们智力水平的机制就会发生作用，所有的场合都不例外。下面是我从 1895 年 2 月 13 日的《材报》上摘录的一段有关一次集会的报道：

“那晚上随着时间流逝，喧嚣声有增无减。我不相信有哪个演讲者能说上两句话而不被打断。每时每刻都有人从这里、那里发出叫喊。掌声中夹杂着嘘声，听众中的个别成员之间还在不断激烈争吵。一些人挥舞着木棒，另一些人不停击打地板。打断演说的人引来一片呼喊：‘把他轰下去！’或‘让他说！’

“C 先生满嘴都是白痴、懦夫、恶棍、卑鄙无耻、唯利是图、打击报复之类的用语，他宣称要把这些东西统统消灭。”

人们也许会问，处在这种环境里的选民怎么才能形成一致观点？提出这样的问题，一定是对群体中个体的自主性有错误的认识。群体个体从没有属于自己的观点，群体成员有的只是别人希望他们有的观点，提出这种观点的人，也绝不能夸口自己这个观点是合乎理性的。选民的观点和选票通常被选举委员会操纵，而它的领袖人物大多都是些职业政客，他们向工人许诺好处，因此在这些人中很有影响。

当今最勇敢的民主斗士之一舍勒先生说："你可知道什么是选举委员会吗？它不多不少，是我们各项制度的基石，是政治机器的一件杰作。今日法国就是受长期选举委员会统治。[①]"法国如今的选举制度决定了，只要候选人能被群体接受，并拥有一定财源，对群体产生影响并不难。根据捐款人透露：300 万法郎就能保证让布朗热将军重新当选。

选民群体的心理学就是如此。它和其他群体一样：既不更好也不更差。

从以上所言，我并没得出反对普选的结论。我明白它的命运，因此出于一些实际的原因，我愿意支持保留这种办法。事实上，我们是通过对群体心理的调查，归纳得出这些原因的，基于一些考虑，我要对这些原因做进一步的阐述。

---

① 不管有什么名称的委员会，辛迪加也好，俱乐部也好，大概都包含着最可怕的危险，而这些危险也都是群体权力造成的。在现实中，它们代表着最为非人格的，也是最具压迫性的专制形式。可以这么说，委员会的领袖的言行是代表集体的，所以他们可以对任何后果都不负责任，他们一直处在可以根据自己选择行事的位置上。就算最残忍的暴君也不敢奢望拥有那些革命委员会任命的人所拥有的那些剥夺权。巴拉斯就曾宣布，他们要在国民公会里随心所欲地裁撤议员，并且要大开杀戒。罗伯斯庇尔只要还能代表他们说话，就握有绝对权力。当这个可怕的独裁者因为自高自大而脱离了他们，他也就失去了这种权力。委员会的统治就是群体的统治，所以也是委员会领袖的统治。很难想象还有比这更恶劣的暴政。

毋庸置疑，普选有着突出弱点，人们很难视而不见。也无可否认，文明是少数人智慧的产物，构成了社会这座金字塔的顶点。随着这座金字塔各个层级的加宽，智慧成分相应也越来越少。因为这些层级就是由一个民族中的群众构成的。一种文明的伟大，如果依靠这些以人多势众自夸的低劣成员的选票，是让人无法想象的。另外还可以确定，群众投下的选票往往十分危险，它们已经让我们付出了若干次遭受侵略的代价。异想天开的人民主权论，十有八九会让我们付出更惨重的代价。

然而，这些不同观点虽然从理论上令人信服，在实践中却毫无优势。只要还记得观念变成教条后会有怎样不可征服的力量，就会承认这一点。从哲学观点看，群体权力至上的教条就像中世纪的宗教教条一样不堪一驳，但是如今它却拥有和昔日那些教条一样强大的绝对权力，一样难以战胜。不妨设想有个现代自由思想家被送回了中世纪。难道你会认为，当他发现盛行于当时的宗教观念有着至高无上的权力后，会对它们进行攻击吗？一旦落入一个能够把他送上火刑柱的法官之手，指控他与魔鬼有约或参与了女巫的宴飨，他还会对是否存在魔鬼或女巫置疑吗？你是不可能用说理战胜飓风的。普选的教条在今天就有着过去宗教所具有的威力。演说家和作家在提到它时所表现出的恭敬与媚态，即使路易十四[①]也无缘享受。只有时间能对它产生影响。

---

① 路易十四（1638—1715）：全名路易·迪厄多内·波旁，史称“路易大帝”，自号太阳王，是波旁王朝的法国国王和纳瓦拉国王。路易十四即位时尚不满五岁，故由太后奥地利的安妮摄政，首相马萨林掌握实权，同时他还是幼王路易十四的教父。1661 年亲政，开始逐步强化中央集权。在他执政期间，法国发动了三次重大的战争：遗产战争、法荷战争和大同盟战争，和两次小规模的冲突，使他在 1680 年开始成为西欧霸主；后两场大战对上荷 - 英 - 奥的三强联盟，大同盟战争因双方厌战而和解，西班牙王位继承战争最后由法国王孙继承王位，但战争负担使他亲手缔造的伟大形象和超高民气在晚年丧失殆尽。——译者注

此外，任何努力都无法破坏这种教条，托克维尔正确地指出："在平等的时代，人们并不相信有关他们彼此之间全都一样的说法，但是这种比喻却使他们几乎毫无节制地信赖公众的判断力，其原因就在于，所有的人同样开明似乎是不太可能的，真理并不会与人数上的优势携手同行。"

对选举权加以限制，或者把对这种权利的拥有限制在聪明人中间，这样就能改进群众投票的结果了吗？我永远也不会相信会出现这种情况。理由就是基于我已说过的，一切集体，不管其成员如何，全都患有智力低下症。在群体中，人们总是倾向于智力平均化，在一般性问题上投票，40 名院士不会比 40 个卖水人更高明。我一点都不相信，如果只让有教养和受过教育的人成为选民，受到谴责的普选投票结果就会大为不同。一个人不会因为通晓希腊语或数学，因为是个建筑师、兽医、医生或大律师，便掌握了特殊的智力或社会问题。我们的政治经济学家全都受过高等教育，他们大都是教授或学者，然而他们何曾就哪个普遍性问题，比如贸易保护、双本位制等等，取得过一致呢？原因就在于，他们的学问不过是我们的普遍无知的一种弱化了的形式。在社会问题上，由于未知因素众多，在本质上人的无知没有区别。

由掌握各种学问的人组成的选民，他们的投票结果仍然主要受情感和党派精神的支配。对于那些现在必须对付的困难，我们还是一个也解决不了，而且肯定会受到身份团体暴政的压迫。

群众的选举权不管是受到限制还是普遍给予，不管是在共和制还是君主制之下行使，不管是在法国、比利时、德国、葡萄牙或西班牙，都是一样的；说一千道一万，它所表达的不过是一个种族无意识的向往和需要。在每个国家，当选者的一般观点都反映着种族的禀性，而这种禀性从一代人到下一代人，不会有显著变化。

到此，我们一再遇到种族这个基本概念。我们还会经常遇到它。由此会产生一种认识，即各种制度和政府对一个民族的生活只产生很小影响。民族主要是受其种族禀性支配，也就是说，是受某些品质的遗传支配，而所谓禀性，正是这些品质的总和。种族和限制我们的各种规律，决定着我们的命运。

## 第5章 议会

提要：议会中的群体表现出异质性群体的大部分特征/他们的观点简单化/易受暗示，但有局限性/他难以改变的观点和易变的观点/议而不决的原因/领袖的作用/他们是议会的真正主人/演讲术的要点/没有名望者的演说劳而无功/议会成员的情感夸张/国民公会的实例/议会失去群体特征的情况/专家在技术性问题上的作用/议会制度的优点和危险/适应现代要求，但会造成财政浪费和对自由的限制/结论

议会为我们提供了一个有名称的异质性群体范例。虽然不同时代、不同国家议会成员的选举方式有所不同，但都有相似的特征。在议会这种场合，种族因素要么削弱，要么强化了群体的共同特征。差异很大的国家，如希腊、意大利、葡萄牙、西班牙、法国和美国，在议会辩论、投票这些行为上，却表现出相似性，各国的政府所面临的也是基本相同的困难。

但议会制度却是现代文明的理想。这种制度来自这样一种观念，即多数人要比少数人更能作出明智的决定。尽管这种观念从心理学角度看是错的，却得到普遍认同。

群体的一般特征在议会中展现得很明显：头脑简单、多变、易受暗示、夸大情感以及少数领袖人物起主导作用。由于其构成的特殊性，也有一些独特之处，现在我们就来做一简单说明。

观点的简单化是最重要的特征之一。所有党派中，尤其是拉丁民族的党派，无一例外地存在一种倾向，即习惯于用最简单的抽象原则和普遍规律来解决最复杂的社会问题。当然，这些原则和规律会因党派不同而不同，但仅仅因为个人是群体一部分这一点，他们就总是习惯于夸大自己原则的价值，坚持要贯彻这些原则。产生的

结果是，议会成了各种极端观点汇集的场所。

议会有着特别质朴的简单观点，法国大革命时期的雅各宾党人是这方面完美的典型。他们对待他人有严格的教条和逻辑，满脑子都是含混不清的普遍观念，总是迫不及待地贯彻他们那些死板的原则，根本不在乎何时何地、什么事情。提到他们时，人们完全有理由这样说：他们经历了一场革命，但并没有看到这场革命。在一些引导着他们十分简单的教条帮助下，他们以为自己能把这个社会从上到下改造一遍，结果使一个发达的文明倒退到了社会进化的初级阶段。他们为实现自己的理想采用的办法，跟那些极端质朴的人有同样特点。实际上，他们只是把拦住通道的一切都毁掉了罢了。不管是吉伦特派、山岳派还是热月党人[①]，全都

① 吉伦特派：有时称“布里索派”或“长棍面包派”，是法国大革命时期立法大会和国民公会中的一个政治派别，主要代表是当时信奉自由主义的法国工商业人士。因成员大都来自法国的吉伦特省（省会为波尔多）而得名，但这个名字是直到1847年法国作家拉马丁的畅销书《吉伦特派史》出版之后才开始流行起来的。山岳派：法国大革命期间国民公会的激进派议员集团。其所以称为山岳派，是因为他们在开会时坐在议会中较高的长凳上。罗伯斯庇尔、丹东等人，均属于山岳派。热月党人：是法国大革命时期发动“热月政变”的政治集团，其成员是国民公会中的平原派、丹东派和埃贝尔派残余分子以及政变后被召回的吉伦特派分子，主要代表大资产阶级和革命期间投机致富的新兴有产者阶层的利益。代表人物有巴拉斯、富歇、塔利安等。——译者注

受同样精神的激励。

议会中的群体很容易受暗示的影响，而且就像所有群体一样，暗示来自有名望的领袖。不过和其他群体比，议会群体易受暗示的特点有着明确界限，指出这点十分重要。

在涉及地方或地区问题上，议会每个成员持有牢固而不会改变的观点，任何论证都无法动摇。例如在贸易保护或酿酒业特许这类与有势力选民利益相关的问题上，即使有狄摩西尼①的演说天赋，也难以改变一位众议员的投票。这些选民在投票期到来前就有所暗示，足以抵消来自其他任何方面的信息，维持投票意向的绝对稳定。②

涉及的一般性问题，比如推翻一届内阁、开征一种新税等等，观点就开始不再那么有原则，方式虽然与普通群体中有所不同，领袖的建议总能发挥重要影响。每个政党都有自己的领袖，他们的影响力有高有低。但当这种影响旗鼓相当时，一名众议员就会发现自己被夹在两种对立的建议之间，无法作出决定。这解释了为什么经常会看到一名议员，在很短时间内作出完全相反的决定，要不就会为一项法案增加一条使其失效的条款，例如剥夺雇主选择和解雇工人的权力，然后又来上一条几乎废除这一措施的修正案。

同样理由，每届议会既有一些观点是非常稳固的，也有一些

① 狄摩西尼（前 384—前 322）：古希腊伟大的政治家、演说家和雄辩家，希腊联军统帅。——译者注

② 下面是一位英国议员根据自己的长期经验得出的如下结论，无疑也适用于这类事先确定，不会因选票而改变的观点："我坐在威斯特敏斯特（英国议会所在地。——译者注）的五十年间，听过上千次的演说，但是它们很少能改变我的看法，更没有一次改变我的投票。"

十分易变。大体上说，议会所面对的一般性议题更多，因此议而不决的现象司空见惯；至于议而不决的原因，很可能是因为总是对选民多变的担心，从他们那收到的建议总是姗姗来迟，这有可能制约领袖的影响力。

不过，在无数辩论中，当对议题议员们没有先见之明时，领袖总是能成为最终作出决定的那个人。

在议会中领袖的必要性是显而易见的，在每个国家的议会里，都可以看到以团体首领名义存在的首领。他们是议会真正的统治者。组成群体的人没了头头便一事无成，因此也可以说，议会中的表决通常只代表极少数人的观点。

领袖的影响力只在很小的程度上是因为他们提出的论据，大多数情况来自他们的名望。这一点的证明是，一旦他们因故威信扫地了，他们的影响力也随之消失。

政治领袖的名望只属于他们个人，与头衔或名声无关。关于这个点，西蒙先生[①]在评论 1848 年国民议会（他自己也是其成员之一）的大人物时，为我们提供了非常有趣的例子：

> “路易·拿破仑两个月以前还无所不能，如今却无足轻重了。

① 西蒙（1814—1896）：法国政治家、哲学家、激进主义思想家，两度当选议员，1876—1877 年间曾担任法国总理。——译者注

“维克多·雨果[1]登上了讲台，无功而返。人们听他说话，就像听皮阿[2]说话一样，但他并没有博得多少掌声。‘我不喜欢他那些想法’，谈到皮阿，沃拉贝勒[3]对我说，‘不过他是法国最了不起的作家之一，也是最伟大的演说家。’基内[4]尽管聪明过人，智力超强，却一点也不受人尊敬。在召开议会之前，他还有些名气，但在议会里却籍籍无名。

“对才华横溢者无动于衷的地方，莫过于政治集会。它所留心的只是那些与时间地点相宜、有利于党派的滔滔辩才，并不在乎它是否对国家有利。若想享有1848年拉马丁[5]以及1871年梯也尔[6]得到的那种崇敬，需要有急迫而不可动摇的利益刺激才成。一旦危险消失，议会立刻

① 维克多·雨果（1802—1885）：法国19世纪前期积极浪漫主义文学的代表作家，人道主义的代表人物，法国文学史上卓越的资产阶级民主作家，被人们称为“法兰西的莎士比亚”。1841年，雨果当选为法兰西学院院士。1845年，任上议院议员。1848年二月革命后，晋封伯爵，并当选国民代表及国会议员。三年后，拿破仑三世称帝，雨果对此大加攻击而被放逐国外长达20年，此时期完成小说《悲惨世界》。1870年法国恢复共和政体（法兰西第三共和国），雨果返回法国。其代表作有《巴黎圣母院》《九三年》《悲惨世界》《“诺曼底号”遇难记》等。——译者注

② 皮阿（1810—1889）：法国社会主义政治家、记者、作家、激进思想鼓吹者。1848年进入议会，1871年再度当选，同年加入巴黎公社。——译者注

③ 沃拉贝勒（1799—1879）：法国记者和政治家。曾担任立法议会议员、教育部长。——译者注

④ 基内（1803—1875）：法国著名历史学家、诗人、哲学家、政治家，他和于勒·米舍莱同是教权主义最激烈的反对者。1848年他当选为议会议员，呼吁政教彻底分离。——译者注

⑤ 拉马丁（1790—1869）：法国浪漫派抒情诗人、历史学家、政治家。他是浪漫主义文学的前驱和巨擘。著有诗歌集《湖》。——译者注

⑥ 梯也尔（1797—1877）：法国政治家、历史学家，奥尔良党人。法兰西第三共和国首任总统。著有《法国革命史》。——译者注

> 就会忘记它的感激和受到的惊吓。”

上面这些话之所以有趣，原因是其中包含着一些事实，而不是它所提供的解释。群体一旦效忠于领袖，不管是党的还是国家的领袖，它就立刻失去了自己的独立性。服从领袖的群体是处在领袖名望影响之下，这种服从并不会受利益或感情的支配。

因此，有名望的领袖掌握着权力。一位著名的众议员[①]在多年时间里因其名望而拥有巨大影响力，在上次大选中由于某些金融问题败选，此事广为人知。他只消做个手势，内阁便倒台。有个作家这样描述了这名议员的影响力：

> “主要因为这位X先生，我们在东京湾[②]需要付出三倍的代价；主要因为他，我们在马达加斯加的据点才长期岌岌可危；也是因为他，让我们在尼日尔河下游地区不得不放弃整个帝国；还是因为他，我们失去了在埃及的统治地位。X先生的谬论让我们丢失的领土，比拿破仑一世的灾难有过之而无及。”

对于这类领袖我们不必过于苛责。不错，他使我们损失惨重，然而他的大部分影响力都是因为他顺应了民意，而这种民意在殖民地事务上，目前还远没有超越过去的水平。领袖很少超前于民意，他所做的一切总是在顺应民意，因此也会助长其中的所有错误。

---

① 乔治·克列孟梭（1841—1929）：法国政治家、新闻记者，法兰西第三共和国总理。——译者注

② 东京湾：现名“北部湾”。位于中国南海的西北部，是中国广东雷州半岛、海南岛和广西壮族自治区及越南之间的海湾。——译者注

这里所讨论的领袖影响力的手段，除了名望外，还包括我们多次提到过的一些因素。领袖要想能巧妙利用这些手段，他必须对群体心理了然于心，至少也要无意识地做到这点；他还必须知道如何对他们说话，尤其应当了解各种词汇、套话和形象的神奇力量。他应当具备特殊的辩才，这包括言之凿凿（回避使用证明的重负）和生动的身体语言，并伴之以十分笼统的论证。这种辩才在所有集会中都可以看到，英国议会也不例外，虽然它是所有议会中最严肃的一家。英国哲学家梅因[①]说：

> “在下议院的争吵中可以不断看到，整个辩论不过是些软弱无力的大话和盛怒的个人间的针锋相对。这种一般公式对纯粹民主的想象有着巨大的影响。让一群人接受用惊人之语表达出来的笼统的断言，从来就不是什么难事，即使它从未得到过证实，大概也不可能得到证实。”

上文引述的“惊人之语”不论说得多重要也不算过分。我们多次谈到词语和套话的特殊力量。在措辞的选择上，必须以能够唤起生动形象为标准。下面这段话摘自我们自己的一位议会领袖的演说，它是一个极好的范例：

> “当同一艘船把邪恶的政治家和杀人的无政府主义者带到那片热病肆虐的土地时，他们将能够促膝交谈，

① 梅因（1822—1888）：英国著名法学家、历史学家、人类学家。著有《古代法》《早期制度史》等。他被西方学者公认为美国历史法学的创始人，是法律人类学和法律社会学的先驱。——译者注

并将彼此视为同一社会秩序互补的两派。”

如此展现出来的形象极为鲜活，演说者的所有对手都会觉得自己受着它的威胁。他们脑海里浮现出两幅画面：一片热病肆虐的国土，一艘可以把他们送走的船。他们不是也有可能被放在那些定义不明的可怕政客中间吗？他们为此所体验到的恐惧，与当年罗伯斯庇尔用断头台发出威胁给予国民公会的人的感觉一样。在这种恐惧影响下，他们当然肯定投降。

喋喋不休地说些最荒唐的大话，永远对领袖有利。我刚才引用过的那位演说家能断言（不会遇到强烈的抗议）金融家和僧侣正在资助扔炸弹的人，因此大金融公司的总裁也应受到和无政府主义者一样的惩罚。这种断言永远会在人群中起作用。再激烈的断言，再可怕的声明也不过分。要想吓唬住听众，没有比这更有效的办法。在场的人会担心，假如他们表示抗议，他们也会被当作叛徒或其同伙打倒。

这种独特的辩论术在所有集会上都很有效，危难时刻作用就更加明显。法国大革命时期，各种集会上演说家的讲话，读起来都十分有趣。他们无时无刻不认为自己必须先谴责罪恶、弘扬美德，然后再对暴君破口大骂，发誓不自由毋宁死。在场的人站起来热烈鼓掌，然后平静下来后回到自己的座位。

偶尔也有智力高强、受过高等教育的领袖，但是具备这些特点通常对他有害无益。如果他想对事情的复杂做出解释和促进理解，智慧就会使他变得过于宽宏大量，大大削弱所必需的信念的强度与粗暴。尤其是在大革命时期，民众领袖头脑之狭隘令人瞠目；但影响力最大的，肯定也是那些头脑最没才智的人。

其中罗伯斯庇尔的演说最有名，经常有着令人吃惊的自相矛盾，只看这些演说实在搞不明白，这位大权在握的独裁者何以有如此大的影响：

“教学法式的常识和废话，糊弄孩子头脑的稀松平常的拉丁文化，攻击和辩护所采用的观点不过是些小学生的歪理。没有思想，没有措辞上令人愉快的变化，也没有切中要害的讥讽。只有令我们生厌的疯狂断言。在经历过一次这种毫无乐趣的阅读之后，人们不免会与和蔼的德穆兰[①]一起长叹一声：‘唉！’”

一想到强烈信念与极端狭隘头脑结合在一起，能够给一个有名望的人怎样的权力，就让人心惊肉跳。一个人要想无视阻碍，拥有强大意志力，就必须满足这些最起码的条件。群体本能地在精力旺盛、信仰坚定的人中间寻找自己的主子，他们永远需要这种人。

在议会里，一次演说要想取得成功，不取决于演说者提出的论证，而是依靠他所具有的名望。最好的证明是如果一个演说者因为这样那样的原因失去名望，他同时也就失去了根据自己意志影响表决的能力。

当一个籍籍无名的演说者拿着一篇论证充分的讲稿出场时，如果他只有论证，充其量也只能让人听听。一位有心理学见识的

① 德穆兰（1760—1794）：法国大革命时期著名新闻记者、演说家、律师。1794年4月5日与丹东一起在革命广场（今协和广场）被罗伯斯庇尔处死。——译者注

众议员德索布先生，最近描述了一个缺乏名望的众议员：

> “他走上讲台后，从公文包里拿出一份讲稿，煞有介事地摆在面前，十分自信地开始发言。
>
> “他曾自我吹嘘说，他能让听众确信那些让他本人感到振奋的事情。他一而再地对听众强调自己的论证，对那些数字和证据信心十足。他坚信自己能说服听众，面对他所引用的证据，任何反对都没用处。他一厢情愿地开讲，相信自己同事的理解力，认为他们理所当然地只会赞同真理。
>
> “他一开口便惊异地发现大厅里并不安静，人们发出的噪音让他多少有些恼怒。
>
> “为何不能保持安静呢？为何这么不留意他的发言呢？对正在讲话的人，那些众议员在想些什么？有什么要紧的事情让这个或那个众议员离开了自己的座位？
>
> “他脸上掠过一丝不安，皱着眉头停了下来。在议长的鼓励下，他又提高嗓门开始发言，他加重语气，做出各种手势。周围的噪声越来越大，他连自己的话都听不见了。于是他又停了下来。最后，因为担心自己的沉默会招来可怕的叫喊，他又开始说起来。喧闹声变得难以忍受。”

当议会极度兴奋时，它也会变得和普通异质性群体没什么两样，这时它的情感就会表现出走极端的特点。可以看到它或是表现出英雄主义，或是犯下最恶劣的过失。个人会完全失去自我，投票赞成最不符合他本人利益的措施。

法国大革命的历史说明了议会能丧失自我意识到何种程度，怎样让那些与自己利益截然对立的建议牵着鼻子走。某种程度上，贵族放弃自己的特权是个巨大的牺牲。但在国民公会期间那个著名的夜晚，他们毫不犹豫就这样做了。议会成员放弃自己不可侵犯的权利，便使自己处在死亡威胁下，而他们却迈出了这一步；他们并不害怕在自己的阶层中滥杀无辜，虽然他们很清楚，今天他们把自己同伙送上断头台，明天这可能就是他们自己的命运。实际上，他们已经进入了我曾描述过的不由自主的状态，任何想法都阻止不了他们赞成那些冲昏了他们头脑的建议。他们中的一个人俾约·瓦伦[①]的回忆录中的这段话记录了这种情况：“我们一直极力谴责的这一决定，两天前甚至一天前我们还不想做出的决定，居然就通过了；造成这种情况的是危机，再无其他原因。”再也没有比这更正确的说法了。

在所有情绪激昂的议会会议上，这种无意识无所不在。丹纳说：

> “他们批准并下令执行一些他们引以为荣的措施。这些措施不只愚蠢透顶，简直就是在犯罪：杀害无辜，杀害他们的朋友。在右派的支持下，左派全体一致表决同意，

---

① 俾约·瓦伦（1756—1819）：也被称为比约·瓦雷纳，法国大革命时期重要政治家。他被公认为是与乔治·丹东和罗伯斯庇尔同列，为恐怖时期的主要架构者之一。他拥护罗伯斯庇尔，后来在热月政变中反对罗伯斯庇尔。1795 年 4 月，他被驱逐至法属圭亚那，后他拒绝了法国领事馆提出的赦免，依然留在圭亚那。1816 年他从法属圭亚那前往纽约市，呆了几个月，再前往海地避难，后死于痢疾。——译者注

在热烈的掌声中把丹东——他们原先的首领，这场革命的伟大发动者和领袖送上了断头台。在左派的支持下，右派全体一致同意，在最响亮的掌声中通过了革命政府最恶劣的法令。议会全体一致，在一片热烈叫喊声中，在对德布瓦[①]、库东[②]和罗伯斯庇尔等人热烈的赞扬声中，不受控制地一再举行改选，使杀人成性的政府留在台上；平原派憎恶它，是因为它杀人如麻；山岳派憎恶它，是因为这个政府对它的成员的生命视若蝼蚁。平原派和山岳派，多数派和少数派，最后都落了个同意自相残杀的下场。牧月 22 日[③]，刽子手一举成为整个议会的主人；热月 8 日[④]，在罗伯斯庇尔发言后的一刻钟内，同样的事情被这个议会又做了一遍。”

这是幅混乱恐怖的画面，但非常形象准确。议会若是兴奋和头脑发昏到一定程度，就会是这样的情形。它会变成不稳定的流体，受制于一切刺激。下面这段是有关 1848 年议会的描述，来

① 戴布瓦（1749—1796）：法国大革命时期重要政治家。他与比佑 - 瓦莱纳一道，在热月政变中下令逮捕、处死罗伯斯庇尔。他与比佑 - 瓦莱纳一起被流放到法属圭亚那，因发高烧而在当地去世。——译者注

② 库东（1755—1794）：法国大革命时期重要政治家。他曾任国民公会主席，一直忠实于罗伯斯庇尔。热月政变之后，他与罗伯斯庇尔、圣茹斯特等人一起被处决。——译者注

③ 牧月和热月：法国大革命时期所采用历法，称为法国共和历或法国大革命历法，由数学家约瑟夫 • 路易斯 • 拉格朗日、加斯帕 • 蒙日和诗人法布尔 • 戴格朗汀制定的。牧月对应公历 5 月 20 日—6 月 18 日。牧月 22 日，即 1794 年 6 月 10 日。——译者注

④ 热月对应公历 7 月 19 日—8 月 17 日。热月 8 日，即 1794 年 7 月 26 日。——译者注

自斯布勒尔先生，他是一位有着不容怀疑的民主信仰的议员。我把《文学报》上这段十分具有代表性的文字转引如下。它为我曾经说过的群体具有夸张感情的这一特征，为它的极端多变性——它一刻不停地从一种感情转向另一种截然相反的感情——提供了一个很好的例子。

> “共和派因为自己的分裂、嫉妒和猜疑，也因为它的盲信和无节制而坠入地狱。它的质朴和天真与它的普遍怀疑不相上下。与毫无法律意识、不知纪律为何物相伴的是放肆的恐怖和幻想。在这些方面，乡下人和孩子也比他们强。他们的冷酷和缺乏耐心一样严重，他们的残暴与驯顺不相上下。这种状态是性格不成熟以及缺乏教养的自然结果。没有什么事能让这种人吃惊，但任何事都会让他们慌乱。出于恐惧或出于大无畏的英雄气概，他们既能赴汤蹈火，也会胆小如鼠。
>
> “不管原因和后果，不在乎事物之间的关系。他们忽而灰心丧气，忽而斗志昂扬，他们很容易惊慌失措，不是过于紧张就是过于沮丧，从来不会处在环境所要求的心境或状态中。他们比流水还易变，头脑混乱，行为无常。你还能指望他们提供什么样的政府呢？”

幸运的是，这些在议会中看到的特点并非经常出现。议会只是在某些时刻才会成为一个群体。在大多数情况下，组成议会的个人仍保持自己的个性，这解释了议会为何能制定出出色的法律。其实，这些法律的作者都是专家，他们是在自己安静的书房里拟订草稿的，因此，表决通过的法律，其实是个人而不是集体的产物。这些法律自然就是最好的法律。只有当一系列修正案把它们变成集体努力的产物后，它们才有可能产生灾难性后果。群体的产品不管性质如何，与独立个人的产品相比总是品质低劣的。专家阻止议会通过一些考虑不周全或行不通的政策，在这种情况下，专家是群体暂时的领袖。议会影响不到他，他却可以影响到议会。

议会的运作虽然面对所有这些困难，它仍然是人类迄今为止发现的最佳统治方式，尤其是摆脱个人专制的最佳方式。不管是哲学家、思想家、作家、艺术家还是有教养的人，一句话，对所有构成文明主流的人，议会无疑是理想的统治。

不过，现实中，它们也造成两种严重危险：一是不可避免的财政浪费，二是对个人自由不断增加的限制。

第一个危险是各种迫切问题和当选群体没有远见的必然产物。假如有个议员提出一项显然符合民主理念的政策，譬如说，他在议案中建议要保证所有的工人能得到养老津贴，或建议给所有级别的国家雇员增加薪水，其他众议员因为害怕自己的选民，因此就会成为这一提议的牺牲品，他们似乎不敢不重视后者的利益，而反对这种提议中的政策。虽然他们清楚这将为预算增加新的负担，必然会产生新的税种。他们不可能在投票时犹犹豫豫，因为增加开支的后果属于遥远的未来，不会给他们自身带来不利的结果，如果投了反对票，当他们为连选连任而抛头露面时，其后果就会非常清楚地展现在他们面前。

除了上述第一个扩大开支的原因外，还有一个同样具有强制性原因，即必须投票赞成任何为了地方目的的补助金。一名众议员对这种补助是没办法反对的，因为它们同样也反映着选民的迫切需要，也正因为每个众议员只有在同意自己同僚的类似要求的前提下，才能够有条件为自己的选民争取到这种补助金。[①]

上面我提到的第二个危险——议会对自由不可避免的限制——看起来不那么明显，却十分真实。这是大量的法律——它们总是一种限制性措施——造成的结果，议会认为自己有义务表决通过，尽管在很大程度上对其茫然无知。

这种危险是不可避免的。因为即使是英国这个提供了最完善的议会体制、议员对其选民保持最大独立性的国家，也没能幸免。赫伯特·斯宾塞在一本很久前的著作中曾指出，表面自由的增加必然伴随着真正自由的减少。他在最近的《人与国家》一书中又谈到了这个问题。在讨论英国议会时，他表达了自己的看法：

> “自从这个时期以来，立法机构一直遵循着我指出的路线。迅速膨胀的独裁政策不断地倾向于限制个人自由，这表现在两个方面。每年都有大量的法律被制定出来，

① 1895 年 4 月 6 日的一期《经济学家》上发表了一篇文章，评论了仅仅因为竞选上的考虑而造成的主要是铺设铁路方面的开支。为了把曾伊和一个 3000 名居民的山区小镇朗盖耶连接起来。议会表决通过一条须耗费 1500 万法郎的铁路方案。其中 700 万被用在连接拥有 3500 名居民的博芒特和卡斯特尔萨拉金的铁路上，700 万被用在连接拥有 523 名居民的奥斯特和拥有 1200 名居民的寨克的铁路上，600 万被用在了连接普拉德和拥有 747 名居民的奥莱特村的铁路上，诸如此类。仅仅在 1895 年这一年，就表决通过了 9000 万法郎用于只对地方有用的铁路，还有另一些也是出于竞选考虑而造成的同样重要的开支。据财政部长的说法，对工人的补助加以制度化的法律，很快就会涉及到至少每年 1.6 亿万法郎的支出，按院士勒鲁瓦·布罗的说法则是 8 亿。很明显，这种开支不断的增加肯定会导致破产。像欧洲的许多国家已经走到了这个地步，例如葡萄牙、希腊、西班牙、土耳其等，还有另一些国家很快也会陷入同样的绝境，例如意大利。在这些事情上危险的信号太多了，人们不可能感觉不到。

对一些过去公民行为完全自由的事务进行限制，强迫他做一些过去他可做可不做的事情。同时，日益沉重的公共负担，尤其是地方公共负担，通过减少他可以自由支配的收益份额，增加公共权力取之于他并根据自己的喜好花销的份额，进一步限制了他的自由。”

对个人自由日益增加的限制，在每个国家都有斯宾塞没明确指出的具体表现形式。正是大量立法（大体上是些限制性法令）的通过，会大大增加负责实施它们的公务员的数量、权力。沿着这个方向走下去，公务员可能成为文明国家的真正主人。因为在政府的不断更换过程中，只有他们不受触动，也只有他们不承担责任，不需要个性，永久地存在。能实行压迫性专制的，具备以上三种特点的人最合适。

不断制定一些限制性法规，用最烦琐的条条框框把生活行为中最小的细节都照顾起来，难免会把公民自由空间限制在越来越小的范围内。各国都受到一种谬见的蒙蔽，认为保障自由与平等的最好办法就是制定更多更细的法律。它们已经习惯给人上套，很快便会达到需要奴才的地步。那时人们不过是些虚幻的影子，或被动、顺从、被动、有气无力的行尸走肉。

到了这个地步，个人注定要去寻求自身外的力量。政府各部门必然要能表现出私人所没有的主动性、首创性和指导精神。这迫使它们要承担一切，领导一切，把一切都纳入自己的保护之下。于是国家变成了全能的上帝。而经验告诉我们，这种上帝既难以持久，也不强大。

某些民族自由受到了越来越多的限制，尽管表面的许可让它们以为自己还拥有这些自由。它们的衰老在造成这种情况上所起的作用，至少和任何具体的制度一样大。这是直到今天任何文明也都无法逃脱的命运。

历史的教训以及那些先兆表明，我们的现代文明已开始出现衰败。所有民族似乎都不可避免地要经历同样的命运，因此历史看起来就是在不断重复。

关于文明进化的共同阶段，很容易简单说明，我将对它做一概括，以此为本书作结。这种速记式的说明，也许对理解目前群众掌握权力的原因能有所启发。

对我们之前的那些文明的兴起、成长与衰败加以回顾，我们会发现什么呢？

在文明诞生之初，一群来源不同的人，因为移民、入侵或占领等原因聚集在一起。他们血缘不同，语言和信仰也不同。使这些人结为整体的唯一共同纽带，是某位首领颁布的法律，而且还是没有完全得到承认的法律。这种混乱的人群有着突出的群体特征。他们短暂凝聚起来，表现出英雄主义的同时，也展现出种种弱点，性情不稳、容易冲动。就是一群变化无常的原始野蛮人。

是时间铸造了自己的作品。环境、种族间的通婚和共同的生活发挥了作用，不各自独立的小群体逐渐开始融合，渐渐形成了种族，一个有着共同特征和情感的群体。它们在遗传的作用让这种种族群体越来越稳固。这群人变成了一个民族，民族有能力摆脱野蛮状态。但是，只有经过长期的努力、不断的斗争以及无数次的反复，获得了某种理想后，它才能够完全成为一个民族。这个理想具有什么性质并不十分重要，不管是对罗马的崇拜，是对强盛雅典的仰慕，还是真主安拉的胜利，都足以让种族中获得情感和思想上的统一。

与此同时，一种包含制度、信念和艺术的新文明便诞生了。种族在追求自己理想的过程中，会逐渐得到一些建立丰功伟业不可缺少的素质。尽管它有时仍是乌合之众，但变幻不定的特征背后，正在慢慢形成一个稳定的基础，这个基础就是开始形成的种族禀性。正是这种禀性决定着一个民族在有限空间范围内的变化，支配着它对机遇的把握能力。

时间在做完它的创造性工作后，马上就开始了破坏的过程。不管神仙还是人，都无法逃脱它的手掌。一个文明在达到一定强盛和复杂程度后，就会停滞不前；而一旦停滞不前了，就注定会进入衰落。这时，它的老午期也就来临。

这个不可避免的时刻，总是以作为种族支柱的理想的衰弱为特征。与理想衰弱相对应的，是由理想激励而发展起来的宗教、政治和社会结构的失去影响力，开始消亡。

随着一个种族的理想逐渐消亡，它日益失去了曾使自己强盛的凝聚力。个人个性和智力可以增长，但种族集体的自我意识却会被个人自我意识的过度发展取代，同时伴随着性格的弱化和行动能力的减弱。本来是一个民族、一个联合体、一个整体的人群，最终失去凝聚力变成一群各自为政的个人。这些个人会在某段时间里，仅因为传统和制度而被人为地聚集在一起。正是在这个阶段，被利益和欲望弄得四分五裂的人们失去了独立自主的能力，在最微不足道的事情上也需要有人来领导，于是国家开始发挥引人注目的影响。

随着古老理想的丧失，这个种族的才华也消失殆尽。这时候，它仅仅是一个个独立个体，一群乌合之众，回到了曾经的原始状态。失去了统一性也就失去了方向与未来，只存在乌合之众那些临时出现的特性。它所创造的那个文明失去了稳定性，只能随波逐流。这时候，民众成为至上的权力，野蛮风气盛行。只因为久远的历史铸就的外表尚存，它表面上看起来也许仍然华丽，其实内部已然腐朽，成了座随时都可能坍塌的大厦，所需要的仅仅是一场不期而至的风暴。

因为天性对理想的追求本能，导致种族从野蛮状态发展到文明状态。然后，当这个理想的魅力消失，衰亡就不可避免——这就是一个民族生命循环的全部过程。

附录：

# 作者年谱

古斯塔夫·勒庞【Gustave Le Bon】
全名：Charles-Marie-Gustave Le Bon

| | | |
|---|---|---|
| 1841 年 | | 5 月 7 日，出生于法国诺晋特-勒-卢特鲁（Nogent-le-Rotrou）。 |
| 1866 年 | 25 岁 | 获得医学博士学位之后，游历了欧洲、北非和亚洲，写了数本有关人类学和考古学的著作。 |
| 1870 年 | 29 岁 | 在巴黎行医。 |
| 1881 年 | 40 岁 | 出版《人类与社会的起源及其历史》。 |
| 1884 年 | 43 岁 | 开始研究群众心理学，阐发了强调民族特点与种族优越性的社会心理学理论。他的研究涉及三个领域：人类学、自然科学和社会心理学。他最初研究的是为各个人种的身体特征创制测量方法。后来他发展了人种分类等级学说。 |
| 1894 年 | 53 岁 | 出版《民族进化的心理定律》。 |
| 1895 年 | 54 岁 | 出版《乌合之众》。 |
| 1898 年 | 57 岁 | 兴趣转向社会心理学，出版《社会主义心理学》。 |
| 1905 年 | 64 岁 | 出版《物质进化论》。 |
| 1912 年 | 71 岁 | 出版《法国大革命与革命心理学》。 |
| 1916 年 | 75 岁 | 出版《战争心理学》 |
| 1931 年 | 90 岁 | 12 月 13 日逝于法国马恩-拉-科盖特（Marnes-la-Coquette）。一说逝于法国巴黎。 |